Praxisleitfaden
Kundenwertanalyse/
„Customer value management"

Instrumente zur Identifikation
profitabler Kunden

2., vollständig überarbeitete und erweiterte Auflage

Bibliographische Information der Deutschen Nationalbibliothek:

Die Deutsche Nationalbibliothek verzeichnet diese Publikation in der Deutschen Nationalbibliographie; detaillierte bibliographische Daten sind im Internet über http://dnb.dnb.de abrufbar.

© 2024 Willy Schneider

Herstellung und Verlag: BoD – Books on Demand, Norderstedt

ISBN: 9783759761408

Vorwort zur 2. Auflage

Der Praxisleitfaden Kundenwertanalyse/„Customer value management" geht in die 2. Auflage. Wie die hohen Absatzzahlen belegen, stößt die Thematik bei Praktiker/innen, Lehrenden und Studierenden weiterhin auf reges Interesse.

Die 2. Auflage wurde mit Kapitel 5 um ausgewählte **Key Performance Indikatoren** erweitert, anhand derer sich überprüfen lässt, inwieweit die Stellschrauben zur Erhöhung des Kundenwerts richtig justiert wurden. Konsequenterweise lassen sich diese KPIs den **vier Aktionsfeldern** zuordnen, mit denen das Unternehmen den Kundenwert steigern kann:

1. Verlängerung der Kundenbeziehung
2. Steigerung der Beziehungserlöse pro Periode
3. Reduzierung der Beziehungskosten pro Periode
4. Transfer des Beziehungspotenzials auf weitere Kundenbeziehungen

Die 2. Aufl. wurde nicht nur inhaltlich erweitert, sondern auch formal (Korrektur von Rechtschreibefehlern, Aktualisierung und Erweiterung des Quellenverzeichnisses, Ausbau des Stichwort- und Firmenverzeichnisses) überarbeitet. Der Umfang des Buches ist gegenüber der 1. Auflage um rund 100 % auf nunmehr über 100 Seiten angewachsen.

Ausschließlich aus Gründen der Lesbarkeit wurde im Text zumeist die männliche Form gewählt. Nichtsdestotrotz beziehen sich die Angaben auf Angehörige sämtlicher Geschlechter.

Offenburg/San Bartolomeo Lago Maggiore, im Juli 2024   Prof. Dr. Willy Schneider

Vorwort

Die weit überwiegende Zahl der Marketing- und Managementkonzepte stellt die **Kundenorientierung** als zentralen Faktor des Unternehmenserfolges heraus. „Customer relationship management" erweitert die Perspektive der klassischen Kundenorientierung um einen wesentlichen Aspekt: An Stelle der Maxime einer uneingeschränkten Kundenorientierung tritt die selektive Betreuung der Klientel unter Profitgesichtspunkten, nämlich anhand des **„Customer value".**

Das Buch untergliedert sich in **vier Abschnitte**:

(1) Paradigmenwechsel im Marketing durch „Customer relationship management"

(2) Kundenbeziehungslebenszyklus als Ausgangspunkt zur Bestimmung des Kundenwerts

(3) Methoden zur Ermittlung des Kundenwerts

(4) Ansatzpunkte zur Erhöhung des Kundenwerts

Zielgruppen des Buches sind Leser, die sich einen schnellen und zugleich fundierten Überblick über das Thema „Customer value" verschaffen wollen. Hierzu zählen:

- **Praktiker/innen** aus Marketing, Vertrieb, Service und Marktforschung, die sich mit Kundenbeziehungsmanagement beschäftigen,
- **Consultants** und **Marktforscher/innen**, die Unternehmen beim Thema Kundenorientierung begleiten,
- **Studierende** und **Lehrende** an Universitäten, Fachhochschulen, Dualen Hochschulen und Berufsakademien, die sich mit Marketing beschäftigen.

Ausschließlich aus Gründen der Lesbarkeit wurde im Text zumeist die männliche Form gewählt, nichtsdestoweniger beziehen sich die Angaben auf Angehörige aller Geschlechter.

Heidelberg, im Mai 2020   Prof. Dr. Willy Schneider

Inhalt

1	**CRM – Paradigmenwechsel im Marketing**	**1**
2	**Kundenbeziehungslebenszyklus als theoretische Basis**	**3**
3	**Methoden zur Bestimmung des Kundenwerts**	**7**
3.1	Überblick	7
3.2	ABC-Analyse	8
3.3	Kundendeckungsbeitragsrechnung	9
3.4	Portfoliotechnik	10
3.5	RFMR-Ansatz	11
3.6	Scoring-Methode	15
3.7	„Customer lifetime value"	17
4	**Ansatzpunkte zur Erhöhung des Kundenwerts**	**23**
4.1	Verlängerung des Kundenbeziehungslebenszyklus	24
4.2	Steigerung der Beziehungserlöse pro Periode	24
4.3	Transfer der Beziehungspotenziale	25
5	**Ausgewählte Key Performance Indikatoren im Kontext des Kundenwerts**	**27**
5.1	Überblick	27
5.2	Verlängerung der Kundenbeziehung	28
5.2.1	Beschwerdequote	28
5.2.2	Kundenabwanderungsrate	33
5.2.3	Kundenfluktuation	35
5.2.4	Kundenzufriedenheit	37
5.2.5	Nutzerquote von Kundenbindungsmaßnahmen	44
5.2.6	Mitgliederquote	45
5.2.7	Reklamationsquote	45
5.2.8	Wiederkäuferrate	46

5.3   Steigerung der Beziehungserlöse pro Periode 48
5.3.1   Cross-Selling-Quote 48
5.3.2   Einkaufsbetrag, durchschnittlicher 49
5.3.3   Einkaufshäufigkeit, durchschnittliche 51
5.3.4   Einkaufsmenge, durchschnittliche 53
5.3.5   Preiselastizität der Nachfrage 55
5.3.6   Out-of-Stock-Quote 58
5.3.7   Up-Selling-Quote 60

5.4   Reduzierung der Kosten pro Periode 61
5.4.1   Garantiequote, umsatzabhängige 61
5.4.2   Gutschriftenquote 63
5.4.3   Kulanzquote 65
5.4.4   Rabattkundenquote 67
5.4.5   Rabattquote 69
5.4.6   Retourenquote 71
5.4.7   Rückgabequote 73

5.5   Transfer der Beziehungspotenziale 74
5.5.1   Net Promoter Score (NPS) 74
5.5.2   Weiterempfehlungsquote 76

6   Schlussfolgerungen   77

7   Literatur- und Quellenverzeichnis   79

8   Stichwortverzeichnis   93

9   Informationen zum Autor   96

1 CRM – Paradigmenwechsel im Marketing

„Customer relationship management" (**CRM**, Kundenbeziehungsmanagement) bezeichnet eine Unternehmensphilosophie und -kultur, in deren Zentrum der Kunde steht und bei der sämtliche kundenbezogenen Prozesse abteilungsübergreifend gesteuert werden. Im Zuge des CRM werden die Kunden so ausgewählt und betreut, dass deren Wert für das Unternehmen optimiert wird.

Im Mittelpunkt steht das Ziel, mit Kunden profitabel über einen langen Zeitraum, im Idealfall über das gesamte „Konsumentenleben", zusammen zu arbeiten. Dies erfordert von Unternehmen, ihre gesamten Aktivitäten in Marketing, Vertrieb und Service konsequent auf die Kundenperspektive unter gleichzeitiger Betrachtung der Profitabilität auszurichten (vgl. im Folgenden schwerpunktmäßig *Wilde* 2002; *Hippner* 2005, 2006; *Hippner/Wilde* 2006; *Stauss/Seidel* 2001 sowie *Kotler/Bliemel* 1999; *E-Commerce-Center Handel* 2001; *Strauß* 2001, S. 249 – 251; *Buser/Lennertz/Siegrist* 2000; *Buttle* 2005; *Grönroos* 2005; *Helmke* 2001; *Payne/Rapp* 1999; *Raab/Werner* 2005; *Rapp* 2005; *Rudolph/Rudolph* 2000; *Schmidt* 2005; *Wessling* 2001; *Diller* 1995; *Grönroos* 2000; *Köhler* 2001).

CRM rückt demnach von der Maxime einer uneingeschränkten Kundenorientierung, wie sie lange Zeit im Marketing propagiert wurde, ab. An deren Stelle tritt die selektive Betreuung der Klientel unter Profitgesichtspunkten (sog. **„Customer lifetime value"**: Was ist der Kunde über seine gesamte Beziehung zum Unternehmen hinweg wert?), was in der Konsequenz nichts anderes bedeutet, als dass man sich von unrentablen Kunden trennt (vgl. hierzu auch *Juttner/Wehr* 1994).

2 Kundenbeziehungslebenszyklus als theoretische Basis

Der **Kundenbeziehungslebenszyklus** („Customer life cycle") basiert auf einer ganzheitlichen Perspektive, welche die Beziehungen zum Kunden im Zeitablauf betrachtet und auf Analogien zum Leben von Organismen basiert (vgl. *Stauss* 2000a, S. 15; 2006; *Fischer* 2001, S. 1407 – 1409). Diesem Ansatz folgend, der unverkennbare Ähnlichkeiten zum Produktlebenszyklus aufweist, durchlaufen Unternehmen in ihrer Beziehung zum Kunden idealtypische Phasen, welche die Grundlage für eine differenzierte Kundenbearbeitung bilden (vgl. *Bruhn* 2001b, S. 43 ff.). Das Konzept beschreibt die Beziehung zum Kunden als Abfolge mehrerer Phasen anhand ausgewählter Größen (etwa Kundenwert; vgl. Abb. 2.1).

Dabei werden folgende **Annahmen** getroffen:

- Die Beziehung zum Kunden ist **zeitlich begrenzt,** was nur zum Teil auf ein Ableben des Konsumenten zurückzuführen ist. Weitere Gründe können beispielsweise sich verändernde Bedürfnisse oder der Wegzug des Kunden aus dem Einzugsgebiet des Unternehmens sein.

- Die Entwicklung der Beziehung zum Kunden lässt sich im Grundkonzept als **S-förmige Kurve** beschreiben. Diese Kurve beschreibt das Erreichen eines gewissen Höhepunkts der Beziehungsintensität und einen darauf folgenden Rückgang, dem es mit entsprechenden Instrumenten entgegenzuwirken gilt.

- Bestimmte **Lebenszyklusphasen** sind abgrenzbar und an Punkten der Kurve mit speziellen Eigenschaften (Wendepunkte, Krümmungsverhalten etc.) darstellbar. Unterschieden werden:
  – Anbahnung (= Kundenakquise),
  – Sozialisation, Wachstum, Reife, Degeneration und Kündigung (= Kundenbindung) sowie
  – Abstinenz und Revitalisierung (= Kundenrückgewinnung).

- Die **Beziehungsintensität steigt** im ersten Teil des Lebenszyklus an und fällt in späteren Phasen ab, um bestenfalls in der Revitalisierungsphase wieder zuzunehmen.

- Der Einsatz der **Marketing-Instrumente** hängt unmittelbar von der jeweiligen Position des Kunden im Kundenbeziehungslebenszyklus ab.

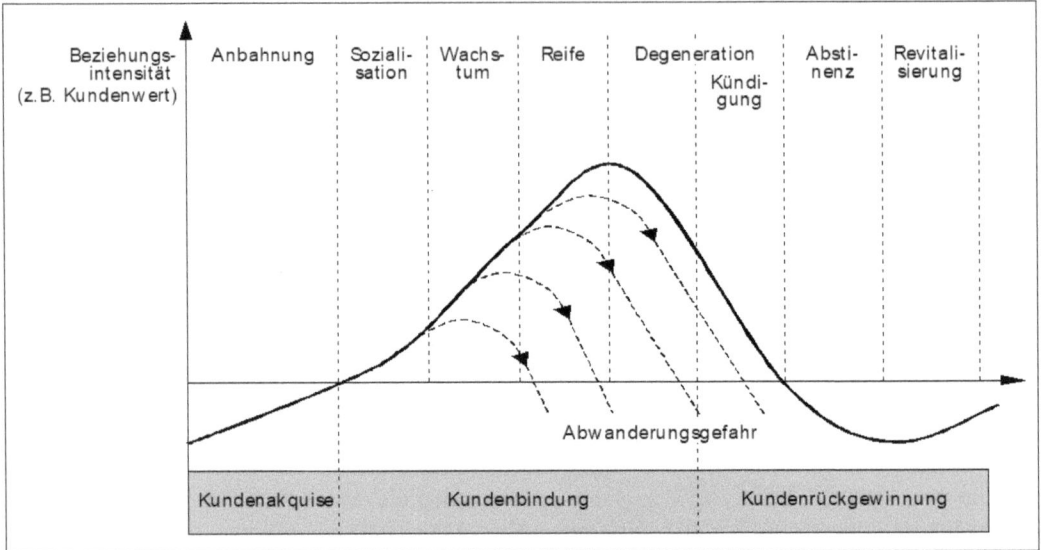

Abb. 2.1: Der Kundenbeziehungslebenszyklus (Quelle: in Anlehnung an Stauss 2000a, S. 16)

In der Beziehung zum Kunden, dem Kundenbeziehungslebenszyklus, durchläuft ein Unternehmen idealtypischer Weise **drei Phasen** (vgl. Tab. 2.1):

- **Kundenakquisition**
  Insbesondere zu Beginn des Produkt-/Unternehmenslebenszyklus, wenn der Kundenbestand noch gegen Null tendiert oder klein ist, steht die Akquisition von Neukunden im Mittelpunkt der Bemühungen. Aber auch in einer späteren Phase, in der das Umsatzpotenzial bei Bestandskunden weitgehend ausgeschöpft ist und/oder von der Kostenseite ein Zwang zu Wachstum und dem Kampf um Marktanteile ausgeht, spielt die Kundenakquisition eine nicht zu vernachlässigende Rolle. In dieser Phase tritt ein Unternehmen erstmals mit dem potenziellen Kunden in Kontakt und versucht, diese für das Unternehmen zu gewinnen. Attraktive Kundensegmente können zum einen Erstverwender und zum anderen Kunden der Wettbewerber sein, die es abzuwerben gilt. Wesentlich hierbei ist es, attraktive Kundesegmente, d. h. potenzielle Kunden mit einem **hohen Kundenwert** zu identifizieren und diese zu einem Kauf beim Unternehmen zu bewegen.

- **Kundenbindung**
Im zweiten Schritt geht es darum, attraktive Kunden an das Unternehmen zu binden. Zum einen gilt es, rentable Kundenbeziehungen zu stabilisieren und auszubauen. Denn die Gewinnung neuer Kunden ist in der Regel kostenintensiver ist als eine Geschäftsexpansion mit Bestandskunden. Zum anderen muss die Intensität der Beziehungen zu nicht-rentablen Kunden, also Kunden mit einem vergleichsweise geringen bzw. negativen Kundenwert, reduziert werden. Dies kann durch Ausgrenzung (etwa Bestellmöglichkeit erst ab einem bestimmten Auftragsvolumen), Transformation (z. B. nur noch telefonische Betreuung von bisher vom Außendienst besuchten Kunden, schlechtere Rabatte für C-Kunden) und/oder eine Passivstrategie (etwa Einstellung der Marketingaktivitäten gegenüber nicht-rentablen Kunden) geschehen

- **Kundenrückgewinnung**
Trotz großer Anstrengungen in der Stabilisierung der Beziehung zum Kunden wird ein gewisser Teil der Klientel dem Unternehmen verloren gehen. Ziel der Kundenrückgewinnung ist es, jene attraktiven Kundensegmente mit hohem Kundenwert zu identifizieren und zurück zu gewinnen, welche die Beziehung zum Unternehmen
  - abbrechen möchten (= Kündigungspräventionsmanagement),
  - abbrechen (= Kündigungsmanagement) oder
  - ruhen lassen (= Revitalisierungsmanagement; vgl. Tab. 2.1).

Tab. 2.1: Managementaufgaben im Kundenbeziehungslebenszyklus
(Quelle: in Anlehnung an Stauss 2000a, S. 18)

Phase im Lebenszyklus	An-bahnung	Soziali-sation	Wachstum und Reife	Degeneration/ Abwanderungsgefahr		Kündigung	Revitali-sierung
Ziel	• Anbahnung neuer Geschäftsbeziehungen	• Festigung neuer Geschäftsbeziehungen • Stärkung stabiler Geschäftsbeziehungen		• Stabilisierung gefährdeter Beziehungen (zu Beschwerdeführern)	• Verhinderung von Kündigungen	• Rücknahme von Kündigungen	• Wiederanbahnung der Geschäftsbeziehung
Kundenorientierte Managementaufgabe	• Interessentenmanagement	• Neukundenmanagement	• Zufriedenheitsmanagement	• Beschwerdemanagement	• Kündigungspräventionsmanagement	• Kündigungsmanagement	• Revitalisierungsmanagement
	Kundenakquise	**Kundenbindung**				**Kundenrückgewinnung**	

Nicht jeder Kunde ist für das Unternehmen (gleich) profitabel. Jedes Unternehmen hat demnach in seinem Kundenstamm eine gewisse Anzahl von Kunden, für die mehr Geld für die Beziehungspflege ausgegeben wird, als an ihnen verdient wird. Diesem Zustand soll eine Kundenbewertung entgegenwirken. Dabei werden Kunden nach ihren Potenzialen, die vom Unternehmen genutzt werden können, eingeschätzt (vgl. *Burmann* 2003; *Helm/Günter* 2003; *Köhler* 2005).

Im Zentrum des CRM steht die Kundenbindung, da sich die Dauer der Beziehung zum Kunden positiv auf Rentabilität bzw. Gewinn auswirkt. Die **Ertragszuwächse** im Zeitablauf sind im Wesentlichen auf folgende **Ursachen** zurückzuführen:

*   Erhöhung der Kauffrequenz,
*   ausschöpfbares „Up selling"- (z. B. Entwicklung des Kunden hin zu einem höherwertigen Produkt) und „Cross selling"-Potenzial (Entwicklung des Kunden hin zu weiteren Produkten aus der Angebotspalette),
*   Preiszuschläge, die aufgrund abnehmender Preissensibilität vom Kunden immer weniger wahrgenommen werden,
*   Verringerung der Betriebskosten (etwa Werbung, Kundenberatung u. ä.) und nicht zuletzt
*   Weiterempfehlung an potenzielle neue Kunden und damit Transfer der Beziehungspotenziale auf neue Kundenbeziehungen.

3 Methoden zur Bestimmung des Kundenwerts

3.1 Überblick

Zur Kundenbewertung bieten sich die folgenden **Instrumente** an:

- **ABC-Analyse**, bei der die Kunden nach ihrem Umsatz und/oder Deckungsbeitrag eingeteilt werden.
- **Kundendeckungsbeitragsrechnung**, bei der Erlöse und Aufwand für jeden Kunden gegenseitig aufgerechnet werden, um die Überschüsse pro Kundenbeziehung zu erhalten.
- **Portfoliotechnik**, bei der die Kunden anhand der Kriterien „Umsatzanteil" und „Geschätzter eigener Anteil als Lieferant" in vier Felder eingeordnet werden
- **Klassifikationsschlüssel**, mit dessen Hilfe man die Informationen über den Kunden mit Hilfe eines firmenspezifischen Kundenschlüssels.
- **RFMR-Ansatz**, der den Kunden nach seinem letzten Kauf (Recency), der Kaufhäufigkeit (Frequency) sowie der Kaufsumme (Monetary Ratio) bewertet.
- **Scoring-Methode**, bei der sämtliche Transaktionen mit einem Kunden mit positiven und negativen Punkten bewertet, gewichtet und aufaddiert werden.
- **„Customer lifetime value"**, bei dem die Profitabilität eines Kunden in Form seines Kapitalwertes für die einzelnen Perioden der Geschäftsbeziehung berechnet wird.

Alle diese Methoden mit ihren jweiligen Vor- und Nachteilen zielen auf eine differenzierte Kundenbeziehungsstrategie ab, die der Verteilung der Ressourcen des Unternehmens nach dem Gießkannenprinzip entgegenzusteuert. Die Fokussierung auf die Profitabilität der Kunden zwingt Unternehmen dazu, sich strategisch aufzustellen. Denn die Ausgaben für Kunden sind nichts Anderes als Investitionen, die sich langfristig rentieren müssen.

3.2   ABC-Analyse

Die ABC-Analyse strukturiert und klassifiziert Kunden mit Blick auf deren Bedeutung: A-Kunden sind sehr wichtig, B-Kunden weniger wichtig und C-Kunden eher unwichtig. Zur Strukturierung eignen sich verschiedene Kriterien, wobei sich die Unternehmenspraxis am häufigsten für den **Umsatz** entscheidet (vgl. Abb. 3.1). Ziel der ABC-Analyse ist es, Ressourcen und Aktivitäten des Unternehmens noch stärker auf A-Kunden zu konzentrieren, B-Kunden zu A-Kunden zu entwickeln und die Betreuung der C-Kunden hingegen zurückzuschrauben bzw. ganz einzustellen.

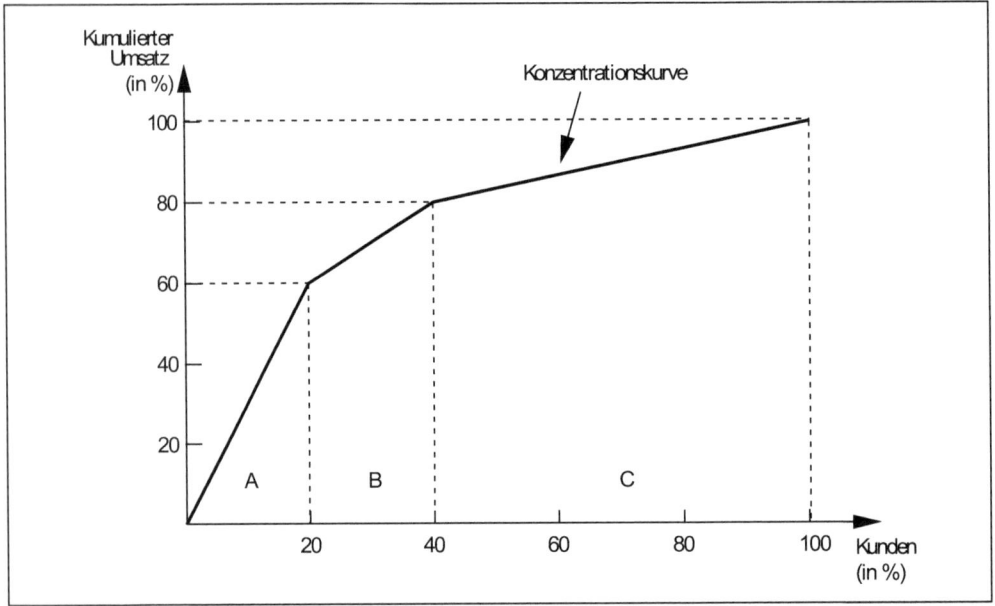

Abb.3.1: Kundenbewertung mit Hilfe der ABC-Analyse

Wegen ihrer gewöhnlich eindimensionalen Ausrichtung (z. B. Umsatz als alleiniges Selektionskriterium) birgt die ABC-Analyse die Gefahr in sich, dass Unternehmen aus den Ergebnissen falsche Schlussfolgerungen ziehen. Deshalb sollten weitere **Überlegungen** in die Entscheidung einfließen:

- Umsatzstarke Kunden sind nicht unbedingt die profitabelsten, weshalb es naheliegt, neben dem Umsatz weitere Kriterien heranzuziehen (z. B. Rendite, Deckungsbeitrag). Vor diesem Hintergrund kann es sich durchaus als sinnvoll erweisen, der ABC-Analyse Kriterien wie Kundendeckungsbeitrag (vgl. Abschnitt 3.3), RFMR-Werte (vgl. Abschnitt 3.5), Scoring-

Werte (vgl. Abschnitt 3.6) oder den „Customer lifetime value" der Kunden (vgl. Abschnitt 3.7) zugrunde zu legen.

- Die ausschließliche Konzentration auf A-Kunden eröffnet zwar Kostenvorteile, vergrößert aber die Abhängigkeit von diesen „Cash cows". Erwirtschaftet ein Unternehmen bspw. 70% seines Umsatzes mit A-Kunden, dann wären – im Falle von Absatzproblemen in diesem Kundensegment – 70% des Umsatzes gefährdet.

- ABC-Analysen sind grundsätzlich gegenwarts- bzw. vergangenheitsbezogen. Wie sich die einzelnen Kunden in Zukunft entwickeln werden, bleibt indessen unberücksichtigt. Diese Schwäche könnte beispielsweise ausgemerzt werden, in dem die ABC-Analyse auf Basis des „Customer lifetime value" (vgl. Abschnitt 3.7) durchgeführt wird, da hier eine Zukunftsperspektive eingenommen wird.

Trotz ihrer Schwächen ist die ABC-Analyse in der Praxis weit verbreitet, nicht zuletzt deshalb, weil dieses Instrument einfach zu handhaben und flexibel einsetzbar ist. Im Übrigen gilt der Umsatz trotz aller Kritik von wissenschaftlicher Seite nach wie vor als eine der wichtigsten Zielgrößen in der Unternehmenspraxis.

3.3 Kundendeckungsbeitragsrechnung

Die Kundendeckungsbeitragsrechnung zielt darauf ab,

- den kundenindividuellen Beitrag zum Periodengewinn zu ermitteln und
- damit Aussagen über die derzeitige Rentabilität des Kunden zu treffen.

Durch eine **verursachungsgerechte Zuordnung** von **Erlösen** und **Kosten** zu jedem Kunden wird versucht, einen monetären, aussagefähigen Kundenwert zu berechnen. Hierbei bedient man sich des folgenden Berechnungsschemas (vgl. *Köhler* 2005, S. 338; *Link* 1995, S. 108):

Kunden-Bruttoerlöse pro Periode

- kundenbezogene Erlösschmälerungen (Boni, Skonti, Rabatte)

= Kunden-Nettoerlöse pro Periode

- Kosten der vom Kunden bezogenen Produkte (variable Stückkosten x Kaufmenge)

= Kunden-Deckungsbeitrag I

- eindeutig kundenbedingte Auftragskosten (z. B. Vorrichtungen, Versandkosten)

= Kunden-Deckungsbeitrag II

- eindeutig kundenbedingte Besuchskosten (z. B. Kosten der Anreise des Außendienstmitarbeiters zum Kunden)

- sonstige relative Einzelkosten des Kunden pro Periode (z. B. Gehalt Key Account-Manager)

= Kunden-Deckungsbeitrag III

Kritisch anzumerken sind folgende Punkte:

- Ein zentrales Problem der Kundendeckungsbeitragsrechnung liegt in der **Periodenbezogen-heit** der Erlöse und Kosten. Denn Investitionen in den Kunden können durchaus über den Betrachtungszeitraum hinauswirken.

- Des Weiteren sagt ein positiver Deckungsbeitrag nichts darüber aus, ob die **fixen Kosten** komplett gedeckt sind und ein **Gewinn** erwirtschaftet wird. Aus diesem Grund sollte flankierend der Gewinn pro Kunde untersucht werden.

- Außerdem basiert die Berechnung des Kundendeckungsbeitrages auf **Vergangenheitsdaten**, die keine fundierte Prognose über das Entwicklungspotenzial eines Kunden erlauben.

- Nicht zuletzt kann es sich im Einzelfall als recht schwierig bzw. unmöglich erweisen, jedem Kunden die **Erlöse** und **Kosten verursachungsgerecht zuzuordnen**.

3.4   Portfoliotechnik

Bei der im Zuge der Kundenbewertung eingesetzten Variante der Portfolioanalyse werden die Kunden anhand der Kriterien „**Umsatzanteil**" und „**Geschätzter eigener Anteil als Lieferant**" in vier Felder eingeordnet (vgl. Abb. 3.2).

Für die einzelnen Felder bieten sich folgende **Betreuungsstrategien** an:

- **Links-Unten-Position: Füller bzw. schlummerndes Potenzial**
  Dieses Kundensegment muss intensiv durchleuchtet werden. Denn hier befinden sich zum einen „Zeitdiebe", deren Betreuung deutlich zurückgenommen werden sollte. Zum anderen schlummern hier Umsatzpotenziale, die es zu entdecken gilt.

- **Rechts-Unten-Position: Abhängige Kunden**
  Hier sollten die Betreuungsintensität deutlich reduziert werden, da es sich aufgrund des geringen Umsatzanteils auf den ersten Blick nicht lohnt, hier noch weitere Lieferantenanteile zu erkämpfen.

- **Links-Oben-Position: Eigene Abhängigkeit**
  Dies sind die Kunden, die zwar einen hohen Anteil des Umsatzes auf sich vereinen. Die Position als Lieferant ist jedoch aufgrund des geringen Anteils am Einkaufsvolumen des Kunden vergleichsweise schwach. Hier müssen Lieferantenposition durch beispielsweise intensives Key-Account-Management ausgebaut werden.

- **Rechts-Oben-Position: Starke Partner**
  Dies sind Lieblingskunden. Hier sollte die Betreuungsintensität aufrechterhalten werden, um in diesem Segment die Position des Unternehmens zu festigen.

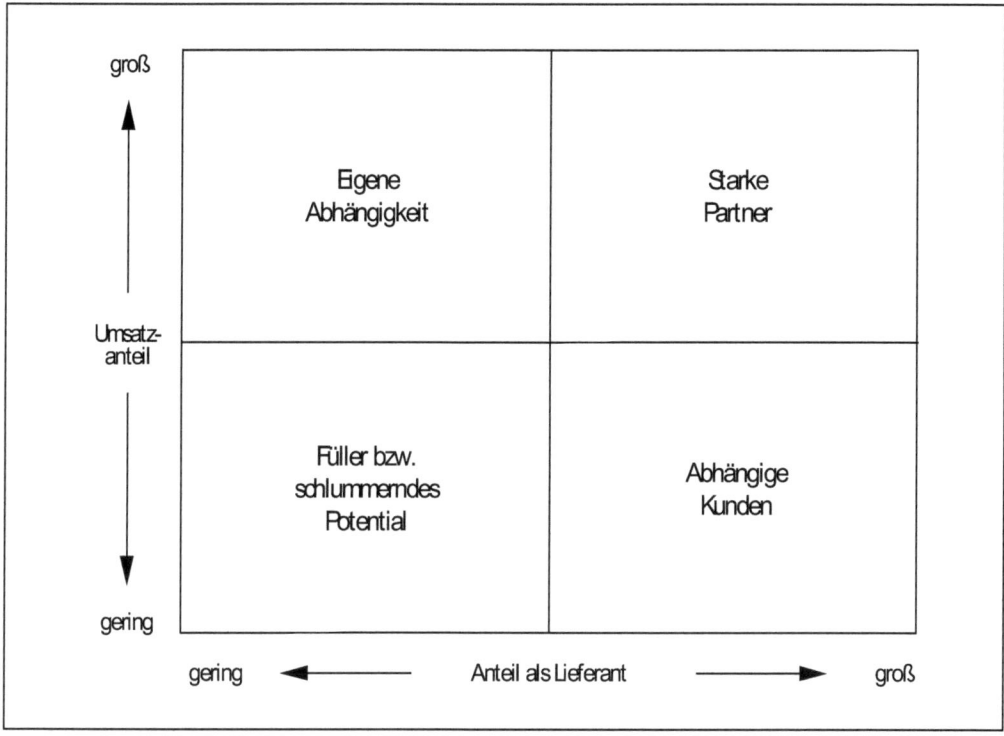

Abb. 3.2: Die zur Kundenbewertung eingesetzte Variante der Portfolioanalyse

Der Portfolioansatz repräsentiert eine anschauliche Methode, mit der sich unmittelbar Strategien ableiten lassen. Allerdings gilt es ins Kalkül zu ziehen, dass es im vorliegenden Fall um eine reine Umsatzbetrachtung mit all ihren Vor- und Nachteilen handelt.

3.5   RFMR-Ansatz

Bei diesem Ansatz, der bereits in den dreißiger Jahren entwickelt wurde und der eine pragmatische Variante des Kundenwertes darstellt, bewertet man den Kunden nach

- seinem letzten **Kauf** (Recency),
- der **Kaufhäufigkeit** (Frequency) sowie
- der **Kaufsumme** (Monetary Ratio).

Dabei werden Kunden, die erst in der jüngeren Vergangenheit etwas erworben haben, höher bewertet als Kunden, die bereits vor längerer Zeit ihren letzten Einkauf getätigt haben (übrigens eine sehr fragliche Annahme bei [langlebigen] Gebrauchsgütern). Außerdem ist ein Kunde, der oft bzw. viel kauft, mehr wert als ein Kunde, der selten bzw. wenig einkauft.

Ein **Beispiel** soll die Vorgehensweise beim RFMR-Ansatz veranschaulichen: Heute sei der 27. April 2024. Der Betrachtungszeitraum beträgt ein Jahr (= 365 Tage). Während dieser Zeit hat ein Kunde 15mal im Unternehmen eingekauft, zuletzt vor 50 Tagen (= am 8. März 2024). Insgesamt hat die betreffende Person 1.647,49 € ausgegeben (= 109,83 € pro Kauf). Wie Tab. 3.2 zu erkennen gibt, beträgt der anhand dieser Angaben bestimmbare RFMR-Wert = 0,09006. Dabei gilt: Je höher der RFMR-Wert, desto größer der Kundenwert. Es wird jedoch deutlich, dass der RFMR-Wert erst im Querschnittsvergleich mit anderen Kunden und/oder im Längsschnittvergleich über mehrere Perioden bei einem Kunden seine volle Aussagekraft erhält.

Tab. 3.2:   Beispielhafte Berechnung des Kundenwerts mit dem RFMR-Ansatz (Quelle: Loyalty Consulting Hamburg 2006a)

Kriterium	Formel	Beispiel	Ergebnis
„Recency"	$\dfrac{1}{t_{heute} - t_{Letztkauf}}$	$\dfrac{1}{50\ (=27.4\ -\ 8.3.)}$	0,02
„Frequency"	$\dfrac{Kauf_1, Kauf_2, \dots, Kauf_n}{t_{Periode}}$	$\dfrac{15}{365}$	0,041
„Monetary ratio"	$\dfrac{Umsatz_1, Umsatz_2, \dots, Umsatz_n}{Kauf_1, Kauf_2, \dots, Kauf_n}$	$\dfrac{1.647,49}{15}$	109,83

Ergebnis:

RFMR = R x F x MR,

hier: RFMR = 0,02 x 0,041 x 109,83 = 0,0900606

Legende:

t_{heute} = Datum des der Berechnung, numerisch ausgedrückt

$t_{Letztkauf}$ = Datum des letzten Kaufs, numerisch ausgedrückt

$t_{Periode}$ = Anzahl der Tage im Betrachtungszeitraum (im vorliegenden Fall 365 Tage)

$Kauf_n$ = Kaufvorgang n

$Umsatz_n$ = Umsatz des Kaufvorgangs n

Der RFMR-Ansatz ist – die Verfügbarkeit der erforderlichen Daten vorausgesetzt – eine einfach handhabbare Berechnungsmethode. Allerdings darf man nicht verkennen, dass dieses Instrument

- lediglich eine **Momentaufnahme** liefert,
- mit einem nicht zu unterschätzenden **Erhebungsaufwand** verbunden ist und
- das **Kundenpotenzial** weitgehend **ausblendet**.

Eine andere Variante des RFMR-Ansatzes, die im Folgenden am Beispiel „**Versandhandel**" erläutert wird (vgl. Tab. 3.3), ermittelt den Kundenwert mit Hilfe eines **Scoring-** bzw. **Punktbewertungsmodells**:

- „**Recency**" richtet sich nach dem Datum der letzten Bestellung. Hat bspw. der Kunde (dessen „Startguthaben" im vorliegenden Fall 25 Punkte beträgt) in den zurückliegenden 6 Monaten Ware bestellt, erhält er 40 Punkte; war seine letzte Bestellung hingegen vor mehr als 24 Monaten, so werden ihm 15 Punkte abgezogen.
- „**Frequency**" ergibt sich aus der Anzahl der Aufträge innerhalb der vergangenen 18 Monate multipliziert mit dem Faktor 6.
- „**Monetary ratio**" wird folgendermaßen bestimmt: Abhängig von der Höhe des durchschnittlichen Umsatzes der letzten drei Käufe wird einem Kunden ein gewisser Punktwert gutgeschrieben. Im vorliegenden Fall erhält er bspw. für einen durchschnittlichen Umsatz von bis zu 50 € insgesamt 5 Punkte, bei mehr als 400 € hingegen 45 Punkte.

Zur Berechnung des Kundenwerts berücksichtigt der vorliegende RFMR-Ansatz überdies die beiden **Kostenfaktoren Retouren** und **Werbesendungen**. Dabei gilt: Je größer die Zahl der Retouren bzw. Werbesendungen, desto mehr Punkte werden abgezogen. Das in Tab. 3.3 aufgeführte Beispiel verdeutlicht die Bestimmung des Kundenwerts mit Hilfe des hier skizzierten Modells.

Ein Kunde (Startwert = 25 Punkte), der

- zuletzt vor 7 Monaten bestellt hat (= 25 Punkte),

- in den vergangenen 18 Monaten dreimal gekauft hat (= 3 x 6 = 18 Punkte),

- dem Versandhandelsunternehmen einen Umsatz von durchschnittlich 78 € „beschert" (= 15 Punkte),

- zweimal Ware zurückgesandt hat (= -5 Punkte) und

- einen Hauptkatalog (= -12 Punkte), einen Sonderkatalog (= -6 Punkte) sowie zwei Mailings (= 2 x -2 = -4 Punkte) erhielt,

erreicht einen Kundenwert von 56 Punkten.

Tab. 3.3: Beispiel für die Berechnung des Kundenwerts nach dem RFMR-Ansatz (Angaben in Punkten; Quelle: Krafft/Rutsatz (2002); Link/Hildebrand (1997); leicht modifiziert.)

Einflussgrößen	Startwert: 25 Punkte					
„Recency" (= seit letztem Kauf vergangene Monate)	Bis 6: +40	Bis 9: +25	Bis 12: +15	Bis 18: +5	Bis 24: -5	früher: -15
„Frequency" (= Kaufhäufigkeit in den letzten 18 Monaten)	Zahl der Käufe multipliziert mit dem Faktor 6					
„Monetary ratio" (= durchschnittlicher Umsatz der letzten drei Käufe; *in €*)	Bis 50: +5	Bis 100: +15	Bis 200: +25	Bis 300: +35	Bis 400: +40	Über 400: +45
Retouren (kumuliert)	0 bis 1: 0	2 bis 3: -5	4 bis 6: -10	7 bis 10: -20	11 bis 15: -30	Über 15: -40
Werbesendungen seit dem letzten Kauf	Hauptkatalog: -12 je Zusendung		Sonderkatalog: -6 je Zusendung		Mailing: -2 je Zusendung	

Wer den Kundenwert mit Hilfe des Punktbewertungsmodells des RFMR-Ansatzes bestimmen will, muss folgende **Fragen** beantworten:

- Welche Merkmale tragen zum Kundenwert bei und müssen demnach in die Berechnung einbezogen werden?

- Wie werden die Merkmale erfasst?
- Welche Punktwerte werden den einzelnen Merkmalsausprägungen zugewiesen?
- Welches Gewicht haben die einzelnen Merkmale?

Insbesondere die Beantwortung der beiden letzten Fragen birgt einen hohen Grad an Subjektivität in sich. Überdies stellt sich hier wie auch im zuerst dargestellten Beispiel die Frage, wie die einzelnen Merkmalsausprägungen zu einem Kundenwert aggregiert werden sollen (= lineares, additives oder kompensatorisches Modell).

3.6   Scoring-Methode

Der grundlegende Aufbau der Scoring-Methode kann dem in Tab. 3.4 aufgeführten Bewertungsschema einschließlich Praxisbeispiel entnommen werden (vgl. *Krafft* 2002). Bei der Anwendung der Scoring-Methode zur Bestimmung des Wertes von Kunden gilt es, die folgenden **drei Schritte** durchführen:

- **Schritt 1: Auswahl der Faktoren**
  Zunächst müssen die Faktoren bestimmt werden, die den Wert eines Kunden ausmachen. Diese sollten sowohl die derzeitige Bedeutung als auch das zukünftige Potenzial der Abnehmer abbilden und harte sowie weiche Faktoren erfassen. Dabei haben sich die in Tab. 3.6 angeführten Faktoren in der Unternehmenspraxis als wesentlich für den Wert eines Kunden herausgestellt.

- **Schritt 2: Gewichtung der Faktoren**
  Nicht alle Faktoren beeinflussen den Wert eines Kunden gleich stark. Deshalb muss die Bedeutung der einzelnen Größen vor dem Hintergrund der unternehmensspezifischen Situation gewichtet werden. Im vorliegenden Beispiel wiegt der Deckungsbeitrag am stärksten (30 % des Gesamtkundenwerts). Da der Umsatz weniger Aussagekraft besitzt als der Deckungsbeitrag und ein enger Zusammenhang zwischen beiden Größen besteht, wird er hier mit lediglich 10 % gewichtet. Die Potenziale dieser beiden Größen wiegen jeweils die Hälfte des zugehörigen aktuellen Wertes (15 bzw. 5 %), da sich der betrachtete Markt noch in der Wachstumsphase befindet. Das Informationspotenzial des Kunden wird unter den weichen Faktoren am stärksten gewichtet, da es sich im vorliegenden Fall um einen sehr dynamischen Markt handelt und man dementsprechend auf Informationen von Seiten der Kunden angewiesen ist.

- **Schritt 3: Bestimmung des Kundenwertes**
  Anhand einer Skala von 1 bis 10 wird nun für jeden Faktor der Wert des Kunden bestimmt. Während Umsatz und Deckungsbeitrag vergleichsweise leicht zu bestimmen sind, gestaltet sich die Ermittlung der Potenzialgrößen sowie der weichen Faktoren vergleichsweise schwierig.

Hierbei können folgende Fragestellungen hilfreich sein:

- Wie und wie schnell wird sich das Unternehmen/der Markt zukünftig entwickeln? (**Umsatzpotenzial**)
- Handelt es sich aus unserer Sicht eher um einen Wachstums- oder um einen gesättigten Markt, auf dem ein ruinöser Preiswettbewerb zu erwarten ist? Gibt es ernstzunehmende Wettbewerber und, falls ja, welche Vorteile besitzt das Unternehmen gegenüber diesen? Und wie viel Prozent am gesamten Auftragsvolumen des Kunden deckt das eigene Unternehmen? (**Deckungsbeitragspotenzial**)
- Wie gestaltet sich die Zahlungsbereitschaft des Kunden? Nimmt der Kunde Zahlungsziele in Anspruch? Wie solide tritt der Kunde insgesamt auf? Und wie sind seine Überlebenschancen im Wettbewerb? (**Liquiditätspotenzial**)
- Verfügt der Kunde über Informationen, die wichtig für den Anbieter sind? Und ist er bereit, diese auch in Zukunft zur Verfügung zu stellen? (**Informationspotenzial**)
- Kennt der Kunde die gesamte Leistungspalette des Anbieters? Gibt es noch andere Leistungen des Anbieters, die für den Kunden nützlich sein könnten? Und gibt es Bedürfnisse des Kunden, denen der Anbieter durch seine Leistungen bislang nicht gerecht wurde? (**„Cross selling"-Potenzial**)
- Ist der Kunde ein positiver Imageträger? Wie stark ausgeprägt ist die Bereitschaft des Kunden, den Anbieter weiterzuempfehlen? Und inwieweit ist der Kunde dazu geeignet, dass der Anbieter ihn als Referenzadresse nutzt? Was würde passieren, wenn der Kunde etwas Negatives über den Anbieter berichten würde? (**Referenzpotenzial**)

Nunmehr müssen die einzelnen Faktorwerte mit ihrer prozentualen Bedeutung gewichtet und zu einem Gesamtkundenwert addiert werden. Dieser kann von 1 = kein Kundenwert bis 10 = sehr hoher Kundenwert reichen. Im vorliegenden Beispiel hat der Kunde einen Wert von 6,90. Trotz des hohen Umsatzes (= 10) ist dies ein tendenziell mittlerer Kundenwert, der jedoch erst im Querschnittsvergleich mit anderen Kunden und/oder im Längsschnittvergleich über mehrere Perioden bei einem Kunden seine volle Aussagekraft erhält.

Bei der vorgestellten Scoring-Methode handelt es sich um ein fundiertes und gleichfalls pragmatisch handhabbares Instrument zur Bestimmung des Kundenwertes. Auch Praktiker stufen das Verfahren als sehr nützlich ein.

Tab. 3.4: Der grundlegende Aufbau eines Scoring-Modells zur Bestimmung des Kundenwerts

Faktor	Bedeutung *(in %)*	Punkte	Punktwert *(gewichtet)*
Harte Faktoren			
• Umsatz	0,10	10	1,00
• Umsatzpotenzial	0,05	8	0,40
• Deckungsbeitrag	0,30	5	1,50
• Deckungsbeitragspotenzial	0,15	6	0,90
• Liquiditätspotenzial	0,05	7	0,35
Weiche Faktoren			
• Informationspotenzial	0,20	10	2,00
• „Cross selling"-Potenzial	0,10	8	0,80
• Referenzpotenzial	0,05	5	0,25
Kundenwert			**7,20**

Anmerkung: Die Punkteskala reicht von 1 (= kein Wert) bis 10 (= sehr hoher Wert).

3.7   „Customer lifetime value"

Um insbesondere mit Blick auf **zukünftige Geschäftsbeziehungen** lukrative Kunden identifizieren zu können, muss der Wert eines Kunden auf die gesamte Dauer der Geschäftsbeziehung abgeschätzt werden. Hierzu dient der **„Customer lifetime value"** (= **CLV**), der auf der **Kapitalwertmethode** basiert und bei dem pro Kunde ein Wert ermittelt wird, der den derzeitigen Wert als auch das zukünftige Potenzial eines Kunden aufzeigt (vgl. z. B. *Hempelmann/Lürwer* 2003; *Dipak/Singh* 2002).

Der „Customer lifetime value" (CLV) ist der individuelle Wert eines Kunden für ein Unternehmen für die gesamte Dauer der Geschäftsbeziehung. Er enthält sowohl quantitative als auch qualitative Bestimmungsgrößen. Die **quantitativen Bestimmungsgrößen** enthalten:

- zu Beginn der Kundenbeziehung anfallende Akquisitionskosten,
- sämtliche Einzahlungen des Kunden unter Berücksichtigung des ausschöpfbaren „Up selling"- (z. B. Entwicklung des Kunden hin zu einem höherwertigen Produkt) und „Cross selling"-Potenzials (Entwicklung des Kunden hin zu einem weiteren Produkt aus der Angebotspalette) gemindert um die jeweils anfallenden Kosten in Form von Stückkosten etc.,

- Kosten für Kundenbindungsmaßnahmen (etwa Mailingaktionen, Kundenbesuche, Werbegeschenke, Serviceleistungen) sowie

- ggfs. anfallende Rückgewinnungskosten im Falles der Abwanderung des Kunden.

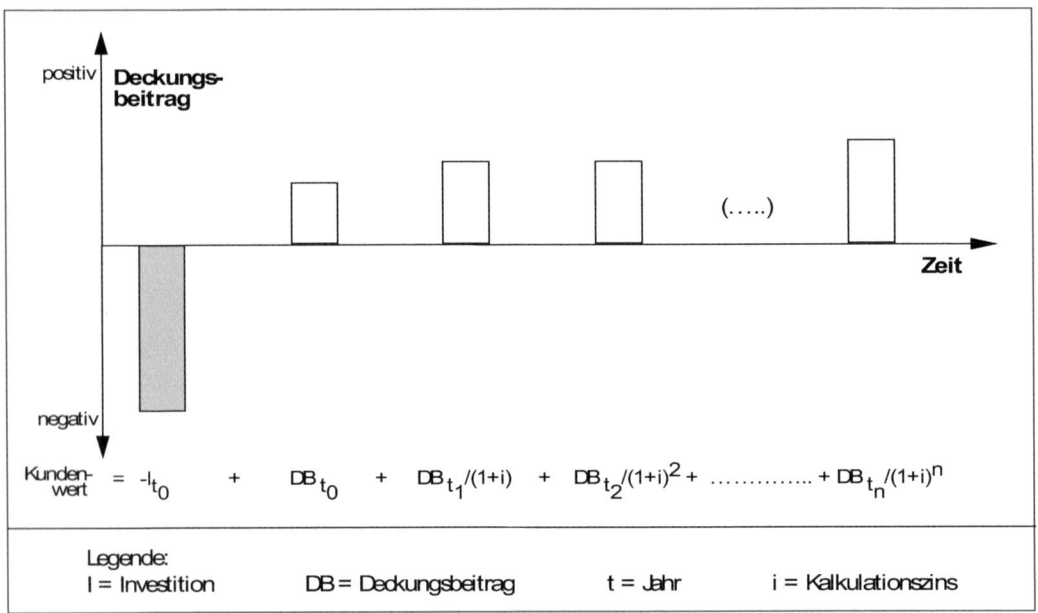

Abb. 3.3: Berechnung des Kundenwerts auf Basis der Kapitalwertmethode

Qualitative Kundenwertfaktoren sind:

- Funktion des Kunden als „Lead customer" (= Meinungsführer in seinem Umfeld; Potenzial, ihn als Referenzkunden einzusetzen)

- Weiterempfehlungspotenzial (= positive Mund-zu-Mund-Werbung in seinem Umfeld)

- Wert als Datenlieferant für Marketing-Forschung

Der grundlegende Aufbau eines Schemas zur Berechnung des CLV findet sich in Tab. 3.5. Die Berechnung des „Customer lifetime value" erfolgt in **drei Schritten**:

- Berechnung des **„Potential value"** (= Kundendeckungsbeitrag). Zu diesem Zweck sind die zukünftigen Erträge und Aufwendungen abzuschätzen und in einer Zeitreihe anzuordnen. Der „Potential value" bildet das Potenzial des Kunden für die Unternehmung ab.

- Berechnung des **„Present value"** (= diskontierter Kundendeckungsbeitrag). Hierzu werden die in einer Zeitreihe angeordneten Erträge und Aufwendungen auf den Bezugszeitpunkt abgezinst. Dabei bedient man sich in der Regel der Kapitalwertmethode. Die zentrale Aufgabe bei diesem Schritt liegt in der realistischen Festlegung des Abzinsungsfaktors.

* Berechnung des **„Present value" mit „Retention rate"** (= „Customer lifetime value"). Ein Teil der Kunden wandert im Zeitablauf ab, die anderen kaufen die Produkte des Unternehmens weiterhin. Um diesem Sachverhalt Rechnung zu tragen, wird die sog. **„Retention rate"** (= Wiederkaufrate) berechnet. Bezieht man die Wiederkaufrate in die Berechnung ein, erhält man den „Customer lifetime value". Diese Größe beinhaltet zunächst nur die quantitativen Bestandteile und müsste Idealtypischer Weise um die bereits angeführten qualitativen Kundenwertfaktoren ergänzt werden. Letzteres gestaltet sich infolge der Erfassung dieser „weichen" Faktoren in der Unternehmenspraxis zugegebenermaßen als sehr schwierig und subjektiv.

Tab. 3.5: Schema zur Berechnung des quantitativen CLV

Faktor	Zeitraum				
	Jahr t	Jahr t + 1	Jahr t + 2	...	Summe
Umsatz					
./. Einstandspreis					
./. Vertriebskosten					
./. Servicekosten					
./. Akquisitionskosten					
./. Kundenbindungskosten					
./. Rückgewinnungskosten					
= Kundendeckungsbeitrag p. a. (= „Potential value")					
Abzinsungsfaktor (Basis: 10 %)	1,00	0,91	0,83		
Kapitalwert des Kundende-ckungsbeitrags (= „Present value")					
Wiederkaufrate (jährl. Kauf)		0,75	0,56		
„Customer lifetime value" (CLV)					

Der CLV-Ansatz wird in erster Linie von Unternehmen genutzt, die über recht umfangreiche sowie aussagefähige Kundendaten verfügen. Hierzu zählen Telekommunikationsunternehmen, Banken, Versicherungen und Energiekonzerne. Diese Unternehmen verfügen gleichzeitig aus Sicht der Kunden über ein im Vergleich zur Konkurrenz nur schwer differenzierbares Leistungsspektrum. Vor diesem Hintergrund ist bei der Klientel eine starke Bereitschaft festzustellen, den Anbieter zu wechseln. Entsprechend hoch sind die Aufwendungen der Unternehmen für Akquisition, Bindung und Rückgewinnung von Kunden. Die Kundenwertbetrachtung soll in diesen

Branchen zum ökonomischen Einsatz der Ressourcen und damit zu einem rentablen Management der Kundenbeziehung beitragen.

Das folgende Beispiel veranschaulicht die Berechnung des CLV: Ein Kunde (Diplom-Betriebswirt, 28 Jahre, verheiratet, 1 Kind) kauft am 2.1.2024 bei einem Autohändler einen Kleinwagen. Der Vertriebsleiter möchte den „Customer lifetime value" dieses Kunden berechnen (Zeithorizont = 10 Jahre) und verwendet hierzu Informationen der Vertriebsabteilung über den „typischen" Kleinwagenkunden (vgl. Tab. 3.6).

Tab. 3.6: Charakteristika des durchschnittlichen Kleinwagenkunden

Verkaufspreis Neuwagen (exklusive MwSt.)	15.000 €
Einstandspreis Neuwagen (exklusive MwSt.)	13.000 €
Einstandspreis in Zahlung genommener Gebrauchtwagen (exklusive MwSt.)	3.500 €
Verkaufspreis in Zahlung genommener Gebrauchtwagen (exklusive MwSt.)	3.300 €
Akquisitionskosten (fallen bei erstmaligem Kauf an)	500 €
Vertriebskosten (fallen bei jedem Kauf an)	400 €
Kundenbindungskosten p. a.	50 €
Nutzungsdauer	5 Jahre
Wiederkaufrate (= Wahrscheinlichkeit, dass der Kunde bei dem betreffenden Unternehmen wieder ein Fahrzeug kauft)	50% nach 5 Jahren 60% nach 10 Jahren
„Up grading" (sowohl bei Verkaufspreis als auch bei Einstandspreis Neuwagen und Gebrauchtwagen)	20%
Werkstattumsatz p. a. (exklusive MwSt.)	800 €
Werkstattkosten p. a. (exklusive MwSt.)	600 €
Werkstattloyalität	100% in den ersten beiden Jahren nach Neukauf, danach 75%
„Cross selling"-Umsatz p. a. (exklusive MwSt.)	500 €
„Cross selling"-Kosten p. a. (exklusive MwSt.)	300 €
„Upgrading" Werkstatt- und „Cross selling"-Erlöse	20% bei jedem Neuwagenkauf
Abzinsungsfaktor	10%

Der „Customer lifetime value", der sich nach dem in Tab. 3.7 a/b dargestellten Schema berechnet und im vorliegenden Beispiel 3.669,88 € (= ΣCLV) beträgt, ist auf verschiedene Weise nutzbar. Mit Hilfe des Kundenwertes kann ein Unternehmen bspw.

- den Mitarbeitern vor Augen führen, welchen Wert ein Kunde für das Unternehmen hat, und welche (fatalen) Konsequenzen es hätte, wenn dieser – bspw. wegen Unzufriedenheit – frühzeitig zur Konkurrenz abwanderte,

- den Wert möglicher Kulanzleistungen berechnen,

- bestimmen, welchen Betrag es aufwenden will, um einen Kunden zurückzugewinnen,

- ermitteln, ob es sich von Kunden mit einem geringen CLV trennt, um die so frei werdenden Ressourcen für die Gewinnung lukrativer Zielgruppen einzusetzen.

Tab. 3.7 a: Schema zur Berechnung des quantitativen CLV (Angaben in Euro)

Kriterium	Jahr					
	1	2	3	4	5	6
Verkaufserlös Neuwagen	2.000,--					2.400,--
Verkaufserlös Gebrauchtwagen	- 200,--					- 240,--
Akquisitionskosten	- 500,--					
Vertriebskosten	- 400,--					- 400,--
Kundenbindungskosten	- 50,--	- 50,--	- 50,--	- 50,--	- 50,--	- 50,--
Werkstatterlös	200,--	200,--	150,--	150,--	150,--	240,--
„Cross selling"-Erlös	200,--	200,--	200,--	200,--	200,--	240,--
Kundendeckungsbeitrag	1.250,--	350,--	300,--	300,--	300,--	2.190,--
Abzinsungsfaktor	1,00	0,91	0,83	0,75	0,68	0,62
Kundenwert	1.250,--	318,50	249,--	225,--	204,--	1.357,80
Wiederkaufrate	1,00	1,00	1,00	1,00	1,00	0,50
CLV	**1.250,--**	**318,50**	**249,--**	**225,--**	**204,--**	**678,90**

Tab. 3.7 b: Schema zur Berechnung des quantitativen CLV (Angaben in Euro; Fortsetzung)

Kriterium	Jahr					
	7	8	9	10	11	12
Verkaufserlös Neuwagen					2.880,--	
Verkaufserlös Gebrauchtwagen					- 288,--	
Akquisitionskosten						
Vertriebskosten					- 400,--	
Kundenbindungskosten	- 50,--	- 50,--	- 50,--	- 50,--	- 50,--	- 50,--
Werkstatterlös	240,--	180,--	180,--	180,--	288,--	288,--
„Cross selling"-Erlös	240,--	240,--	240,--	240,--	288,--	288,--
Kundendeckungsbeitrag	430,--	370,--	370,--	370,--	2.718,--	526,--
Abzinsungsfaktor	0,56	0,51	0,47	0,42	0,38	0,35
Kundenwert	240,80	188,70	173,90	155,40	1.032,18	184,10
Wiederkaufrate	0,50	0,50	0,50	0,50	0,30	0,30
CLV	**120,40**	**94,35**	**86,95**	**77,70**	**309,85**	**55,23**

$$\Sigma\text{CLV} = 3.669{,}88\ \text{€}$$

4   Ansatzpunkte zur Erhöhung des Kundenwerts

Ausgehend vom Kundenbeziehungslebenszyklus lassen sich **drei Wege** identifizieren, auf denen das Unternehmen den Kundenwert vergrößern kann (vgl. Abb. 4.1 sowie *Wildemann* 2004):

1. (zeitliche) Verlängerung des Kundenbeziehungslebenszyklus (= **x-Wachstumspotenzial**),
2. Steigerung der Beziehungsgewinne pro Periode (= **y-Wachstumspotenzial**)
3. Transfer des Beziehungspotenzials auf weitere Kundenbeziehungen (**z-Wachstums-potenzial**)

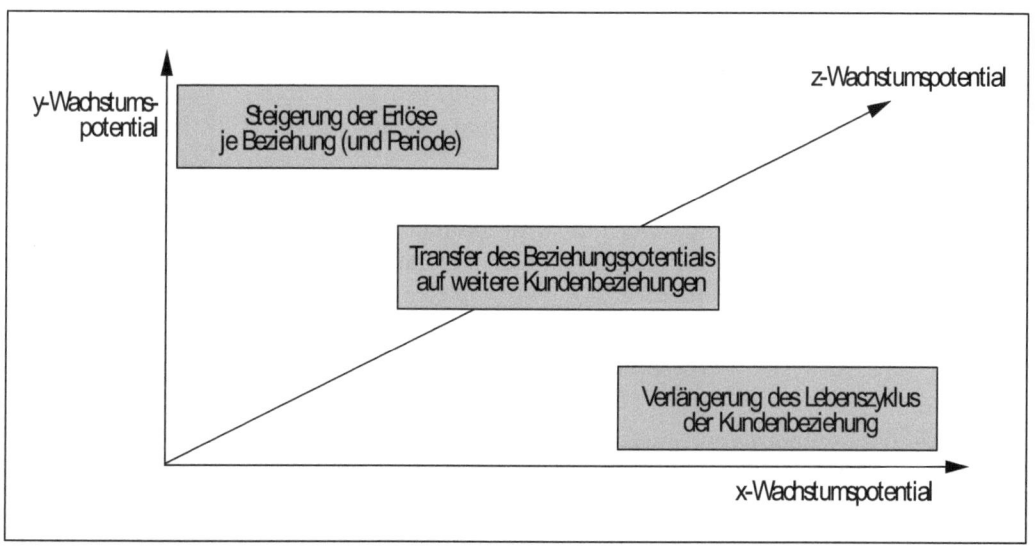

Abb. 4.1: Wachstumspotenziale im Kundenbeziehungslebenszyklus
       (Quelle: in Anlehnung an Stauss 2000a, S. 16).

4.1   Verlängerung des Kundenbeziehungslebenszyklus

Um den Kundenbeziehungslebenszyklus zu verlängern, sind grundsätzlich zwei Strategien denkbar. Zum einen kann der Anbieter bei der Kundenzufriedenheit ansetzen und somit beim Abnehmer eine **Loyalität** erzeugen, die ihn dazu bewegt, sich freiwillig zu binden (sog. **Verbundenheitsstrategie**). Unverzichtbar im Zusammenhang mit einem erfolgreichen **Kundenzufriedenheitsmanagement** ist ein systematisches **Beschwerdemanagement**.

Zum anderen bietet sich die Möglichkeit, den Kunden im Rahmen einer **Gebundenheitsstrategie** Kunden durch den Aufbau von Wechselbarrieren zu binden (vgl. *Bruhn/Homburg* 2005): Hierzu bieten sich an:

- **Technische Wechselbarrieren** (Lock-in-Effekt durch Investition in „geschlossene" Technologien; *Oral-B*-Zahnbürste, Kaffee-Kapsel-Systeme, Nass-Rasierer)

- **Ökonomische Wechselbarrieren** (= Gewährung ökonomischer Anreize; Bonusprogramme: Sach- und Geldprämien mittels *Miles & More*, das Bonusprogramm der *Lufthansa*, oder *Payback*, das Bindungsinstrument von *Loyalty Partner*; Sammelpunkte; mengenabhängiges Pricing: mit höherer Kaufmenge sinkt der Preis pro Mengeneinheit, loyalitätsabhängiges Pricing: sinkende Preise mit zunehmender Dauer der Kundenbeziehung)

- **Soziale Wechselbarrieren** (Kundenclub: *Family-Club Ikea, Märklin, Pro Sieben, Swatch* oder *SWR 3*; Aufbau emotionaler Bindungen, Add-on-Services wie z. B. Probefahrten mit neuen Modellen)

- **Juristische Wechselbarrieren** (= rechtlich; festgelegte Vertragslaufzeiten; freiwillige Garantien [etwa 7-Jahres-Garantie von *Kia* sowie Mobilitätsgarantie von *Mercedes*, die daran gebunden sind, dass sämtliche Wartungs- und Reparaturarbeiten in unternehmenseigenen Werkstätten durchgeführt werden])

- **Psychologische Wechselbarrieren** (Befürchtungen bzw. Mühen, die mit einem Anbieterwechsel verbunden sind [Wechsel Kontoverbindung Bank, Stromanbieter, Telefongesellschaften])

- **Situative Wechselbarrieren** (etwa Mangel an Alternativen = Monopolstellung des Anbieters, günstiger Standort, Bequemlichkeit Online-Handel)

4.2   Steigerung der Beziehungserlöse pro Periode

Diese Erlöse können durch verschiedene Maßnahmen gezielt gesteigert werden, bspw. durch Erhöhung der **Kauffrequenz** pro Periode sowie „**Up selling**" (z. B. Entwicklung des Kunden hin zu einem höherwertigen Produkt). Auch **Kundenzufriedenheit** vergrößert den Kundenwert, da sich zufriedene Kunden gewöhnlich durch eine ausgeprägtere Zahlungsbereitschaft und damit eine höhere Akzeptanz von Preissteigerungen auszeichnen. Dasselbe wird erreicht mit Produkten, die bspw. aufgrund ihrer Einzigartigkeit bzw. ihres modularen Aufbaus (z. B. Einbauküchen, *DELL*-Computer) einen sog. Individualisierungsnutzen stiften.

Auch „Cross selling", bei welchem man seinen Kunden zusätzlich zu den bisher bezogenen Produkten weitere Leistungen aus dem Produktprogramm anbietet, eignet sich dazu, den die Beziehungserlöse pro Kunde und Periode zu steigern. Allerdings hängt der Erfolg von „Cross selling" von verschiedenen Faktoren ab, nicht zuletzt von Häufigkeit bzw. Intensität des Kundenkontakts, von den Möglichkeiten und der Bereitschaft, Informationen der Kunden zu nutzen, von deren Bereitschaft des Kunden zu „Cross buying" sowie von der Breite des Produktprogramms (vgl. *Homburg/Schäfer* 2002).

Auch die Branche spielt eine Rolle. Im Finanzdienstleistungsbereich etwa gilt die „Cross selling"-Rate schon lange als wesentliche, wenn nicht gar wichtigste Kennzahl im Vertrieb, wie folgende empirischen Ergebnisse unterstreichen:.

- Einer Befragung amerikanischer Bankmanager zufolge ist die „Cross selling"-Rate für 80% der Auskunftspersonen das aussagekräftigste Maß zur Beurteilung des Vertriebserfolgs.

- Eine andere Befragung wiederum belegt, dass mehr als 70% der Industriegüterhersteller „Cross selling" von Dienstleistungen als wichtig erachten, um den Unternehmenserfolg zu sichern.

- Mit der „Multi utility"-Strategie schenken auch Unternehmen aus dem Ver- und Entsorgungsbereich „Cross selling" immer mehr Aufmerksamkeit.

Wesentliche Vorteile sind darin zu sehen, dass das realisierbare Wachstum durch „Cross selling" mit einem unterproportionalen Zuwachs der Kosten einhergeht, was nicht zuletzt auf Synergien zurückzuführen ist (vgl. *Schäfer* 2002). Denn wegen der bestehenden Kundenbeziehungen sind die für die Identifikation und Anbahnung von „Cross selling" nötigen Kontaktpunkte bereits vorhanden.

4.3   Transfer der Beziehungspotenziale

Dabei lassen sich grundsätzlich verschiedene **Potenziale** nutzen:

- Das **Referenzpotenzial** gibt an, inwieweit Kunden mit Hilfe ihres Beziehungsnetzwerks neue (potenzielle) Kunden für das Unternehmen gewinnen können. Dieses Potenzial hängt von verschiedenen Faktoren ab, insbesondere von Art und Größe des Beziehungsnetzwerks, von Häufigkeit und Intensität des Kontakts sowie vom sog. Weiterempfehlungsverhalten des Kunden. Unternehmen können Referenzen jedoch auch selbst initiieren, indem sie bspw. Referenzlisten an potenzielle Kunden weiterleiten und so einen Kommunikationsfluss zwischen potenziellen und tatsächlichen Kunden (= Referenzkunden) anstoßen. Schließlich können

Referenzkunden auch im Rahmen der Neukundenakquisition angeführt werden. Dabei sollte man bedenken, dass Referenzkunden sowohl in positiver (= Weiterempfehlung) als auch in negativer Richtung (= negative Mundpropaganda) beeinflussen können.

- Das **Wissenspotenzial** entsteht – anders als das Referenzpotenzial – im direkten zwischen Kunden und Unternehmen. Gegenstand sind Informationen, welche sich u. a. auf Kundenbedürfnisse, Produktentwicklung/-verbesserung, Beratungs-/Servicekonzepte, Prozessoptimierung, Servicequalität, Loyalitätsursachen und Abwanderungsgründe beziehen und welche der Kunde dem Unternehmen für die Optimierung der Wertschöpfung liefert. Entsprechende Informationen lassen sich auf verschiedene Weise gewinnen, insbesondere über Kundenbefragungen und -konferenzen, Workshops mit Kunden, Fokusgruppen oder Beschwerde- bzw. Lobmanagement. Das so gewonnene Wissen kann das Unternehmen gezielt zur Akquisition weiterer Kunden einsetzen.

- Hintergrund der Nutzung des **Integrationspotenzials** ist die Erkenntnis, dass sich die Rolle des Kunden in den vergangenen Jahren stark gewandelt hat: vom Werte- und Bedürfnisträger über den Wissens- und „Know how"-Träger hin zum Innovator. Das Kooperations- bzw. Integrationspotenzial eines Kunden richtet sich danach, ob er bereit und fähig ist, Ressourcen (z. B. Mitarbeiter im B2B-Bereich) in die Beziehung einzubringen. In der Praxis gelingt die gemeinsame Problemlösung im Rahmen sog. Entwicklungspartnerschaften (etwa zwischen Zulieferbetrieben und der Automobilindustrie, zwischen Möbelhändlern wie *IKEA* und ihren Möbellieferanten), in denen Kunden-Workshops eine zentrale Funktion übernehmen. Trotz des großen Potenzials, welches in dieser Form der Beziehungsgestaltung steckt, darf man nicht verkennen, dass je nach Interessenlage der Kunden strategisches „Know how" abzufließen droht.

- **Synergiepotenziale** wiederum entfalten sich erst, wenn das Unternehmen die aus den bestehenden Kundenbeziehungen erwachsenden Verbundwirkungen zu nutzen weiß. Hierzu zählt beispielsweise die Fixkostendegression pro Kunde, umso mehr Kunden mit identischen Bedürfnissen bearbeitet werden.

5 Ausgewählte Key Performance Indikatoren im Kontext des Kundenwerts

5.1 Überblick

Key Performance Indikatoren (KPIs) bezeichnen in der Betriebswirtschaftslehre Kennzahlen, anhand derer gemessen werden kann, inwieweit wichtige Zielsetzungen und/oder kritische Erfolgsgrößen erreicht werden. Im Weiteren werden KPI und Kennzahl synonym verwendet.

Die folgenden Key Performance Indikatoren lassen sich den **vier Aktionsfeldern** zuordnen, mit denen das Unternehmen den Kundenwert steigern kann:

1. Verlängerung der Kundenbeziehung
2. Steigerung der Beziehungserlöse pro Periode
3. Reduzierung der Beziehungskosten pro Periode
4. Transfer des Beziehungspotenzials auf weitere Kundenbeziehungen

5.2 Verlängerung der Kundenbeziehung

5.2.1 Beschwerdequote

(in %)

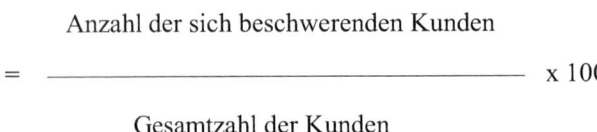

$$= \frac{\text{Anzahl der sich beschwerenden Kunden}}{\text{Gesamtzahl der Kunden}} \times 100$$

Die Beschwerdequote vermittelt einen ersten Einblick in die Unzufriedenheit der Kunden. Da es bereits vor einem Kaufabschluss Grund zur Klage geben kann (z. B. unfreundliche Bedienung, unzulängliche Beratung, ungünstige Öffnungszeit), überschreiten Beschwerden den Rahmen rechtlich begründeter Reklamationen.

Für **Reklamationen** ist charakteristisch, dass der Verkäufer für Sachmängel haftet. Die gesetzlich vorgeschriebenen Gewährleistungspflichten von Hersteller- oder Handelsunternehmen im Bereich von Ersatz-, Reparatur- oder Wartungsleistungen sind in den §§ 459 bis 492 und 633 bis 640 BGB geregelt. Darüber hinaus gewähren zahlreiche Unternehmen **freiwillige Garantieleistungen**, die über den gesetzlichen Anspruch hinausgehen. Diese werden dem Käufer auf Basis separater Garantieverträge eingeräumt und können sich auf verschiedene Leistungskomponenten, aber auch auf den Preis oder die Kundenzufriedenheit beziehen (sog. Preis- oder Zufriedenheitsgarantie). Demnach sind Garantiequote und Reklamationsquote ein Teil der Beschwerdequote.

Vor dem Hintergrund dieser Ausführungen wird deutlich, dass Reklamationen bzw. Garantiefälle einen Sonderfall der Beschwerde bilden. Demnach greift eine ausschließliche Fokussierung auf Reklamationen bzw. Garantiefälle, wie sie von den meisten Unternehmen praktiziert wird, deutlich zu kurz.

Beispiel

Ein Unternehmen weist einen durchschnittlichen Bestand von 5.000 Kunden auf. Die Beschwerdestatistik fördert zutage, dass sich im vergangenen Jahr 30 Kunden auf schriftlichem und 220

Kunden auf mündlichem Wege beschwert haben. Dies entspricht einer Beschwerdequote von 5 % = (250 : 5.000) x 100.

Quellen

Die Berechnung der Beschwerdequote setzt voraus, dass die anfallenden Beanstandungen systematisch dokumentiert und ausgewertet werden. Die Vergleichbarkeit der in diesem Zuge anfallenden Daten kann sichergestellt werden, in dem eine entsprechende Prüfliste angefertigt wird. Um die spätere Auswertung und damit die Vergleichbarkeit der Angaben zu erleichtern, sollten hierbei möglichst detailliert Antwortkategorien zum Ankreuzen vorgegeben werden. Eine Prüfliste für die Dokumentation und Analyse der angefallenen Beschwerden sollte folgende **Informationen** enthalten:

- Datum
- Adresse des sich beschwerenden Kunden
- Dauer der Beziehung zum Kunden, Umsatzvolumen des Kunden (falls möglich, Umsatzgrößenklassen vorgeben) und weitere entscheidungsrelevante Eigenschaften des Kunden
- Beschwerdeweg (Brief, Telefon, Gespräch)
- Grund der Beschwerde (Liste mit möglichen Gründen vorgeben, etwa Funktionsfähigkeit des Produkts, Freundlichkeit des Personals, Wartezeiten)
- Verantwortungsbereich (Liste mit Abteilungen oder Zuständigkeiten vorgeben, aber keine Namen von Mitarbeitern nennen, da sonst unternehmensinterne Akzeptanzprobleme)
- Garantieanspruch (Ja/nein)
- Eingeleitete Maßnahme/n (mögliche Kategorien: Preisnachlass, Geld zurück, Umtausch, Reparatur, Schadensersatz; Beratungsleistungen, Entschuldigung)
- Zeitraum zwischen Beschwerde und Bearbeitung sowie Lösung des Problems (tagesgenau)
- Zufriedenheit des Kunden mit der Lösung des Problems (sog. Beschwerdezufriedenheit, die auf einer 7-stufigen Skala gemessen werden kann, die von -3 = sehr unzufrieden bis + 3 = sehr zufrieden reicht)

Interpretation

In der Praxis wird häufig fälschlicherweise unterstellt, dass eine geringe Beschwerdequote unmittelbar auf eine hohe Kundenzufriedenheit schließen lässt. Hierbei gilt es jedoch zu bedenken, dass sich in der Regel nur ein Bruchteil der unzufriedenen Kunden auch tatsächlich gegenüber dem Unternehmen Luft macht („**Spitze des Eisbergs Unzufriedenheit**").

Ob es bei Unzufriedenheit zu einer Beschwerde kommt oder nicht, hängt im Wesentlichen von **drei Faktoren** ab:

- Unzufriedene Kunden wägen ab, ob der mit einer Beschwerde voraussichtlich verbundene Erfolg (Wiederherstellung der Funktionsfähigkeit des erworbenen Produktes, Ersatz der Ware, Rückerstattung oder nachträgliche Minderung des Kaufpreises, in der Kritik an einem Mitarbeiter liegende Befriedigung etc.) den damit einhergehenden Aufwand (z. B. Telefon-, Porto- und Fahrtkosten; physische und psychische Anstrengungen) rechtfertigt. Ist dies nicht der Fall, verzichtet man auf die Beschwerde. In diesem Zusammenhang wurde festgestellt, dass sich unzufriedene Kunden häufig von dem hohen zeitlichen und finanziellen Einsatz, dem Fehlen einer Erfolgsgarantie und dem mit der Äußerung einer Beschwerde verbundenen Ärger abschrecken lassen.

- Käufer beschweren sich umso eher, je bedeutsamer ihnen ein Problem erscheint, je klarer es sich um einen offenkundigen Mangel handelt und je genauer die Ursache der Unzufriedenheit eingegrenzt werden kann. Konsequenterweise beziehen sich Unmutsäußerungen überwiegend darauf, dass neue Produkte Mängel aufweisen oder bereits in Gebrauch befindliche nicht sachgemäß repariert bzw. gewartet wurden.

- Neben soziodemographischen Größen wie Alter, Geschlecht, Bildung und Beruf sind es vor allem psychische Faktoren, die das Beschwerdeverhalten von Verbrauchern beeinflussen. Es leuchtet ein, dass sich eher solche Menschen beschweren, die Selbstvertrauen besitzen, als Meinungsführer fungieren und über fundierte Produktkenntnisse sowie einschlägige Informationen und Erfahrungen im Umgang mit Kontrahenten verfügen.

Statt Beschwerden als Chance zu begreifen, neigen die meisten Unternehmen bzw. deren Mitarbeiter dazu, diese bewusst zu übersehen, nach außen hin abzuwehren und/oder nach innen hin zu vertuschen. Ein derartiges Verhalten ist auf folgende **Befürchtungen** zurückzuführen:

- Mitarbeiter empfinden Beschwerden als unangenehm, da sie Fehler sichtbar machen und zu negativen persönlichen Konsequenzen führen können.

- Niedrige Beschwerdequoten werden gemeinhin als Zeichen von Qualität, hohe Beschwerdequoten hingegen als negativer Imagefaktor angesehen.

- Die Kosten der Beschwerderegulierung (z. B. Zahlungen aus Kulanzgründen, Gewährung von Geschenken, Verzicht auf Berechnung von Werkstattleistungen) werden gefürchtet, während der Nutzen, der aus der Beschwerdehandhabung erwächst (Umsatzsicherung durch Kundenbindung, Mund-zu-Mund-Werbung zufriedener Kunden etc.), auf den ersten Blick nicht erfassbar scheint.

- Unternehmen fürchten, dass ein aktiver Umgang mit Beschwerden sowohl die Ansprüche der Kunden als auch die Gefahr des Missbrauchs durch sog. Querulantentum erhöht.

Die skizzierten Ängste führen dazu, dass Mitarbeiter dazu neigen, Beschwerden mit Hilfe bestimmter **Techniken** in den **Hintergrund** zu **drängen**. Hierzu zählen:

- der Aufbau vom Beschwerdebarrieren (etwa fehlende Ansprechpartner oder keine klaren Zuständigkeiten),
- das Bagatellisieren der Probleme im Gespräch mit dem Kunden und
- die kleinliche Regulierung der Beschwerde.

Durch derartige Verhaltensweisen werden zwar die sich aus der Unzufriedenheit des Kunden ergebenden Probleme beiseitegeschoben, die möglichen negativen Folgen (stille Abwanderung, negative Mund-zu-Mund-Werbung) jedoch nicht behoben.

Maßnahmen zur Beeinflussung

Eine zentrale Voraussetzung dafür, dass die Beschwerdequote überhaupt Aussagekraft besitzt, ist die Installation eines **aktiven Beschwerdemanagements**. Dieses bietet darüber hinaus die Möglichkeit, frühzeitig Unzufriedenheit aufzuspüren (sog. **Frühwarnsignale**) und durch Schaffung von Beschwerdezufriedenheit die Loyalität sowie die positive Mund-zu-Mund-Werbung der Kunden zu erhöhen.

Ein **aktives Beschwerdemanagement** umfasst die folgenden **vier Schritte**:

(1) Beschwerdestimulierung und -kanalisierung

Unzufriedenen Kunden muss die Möglichkeit geboten werden, ihrem Unmut Luft zu machen. Die Unternehmenspraxis zeigt, dass es einem guten Teil der unzufriedenen Kunden genügt, den Mitarbeitern des betreffenden Unternehmens „einmal die Meinung zu sagen" und ihnen das Versprechen auf Besserung abzunehmen. Deshalb muss dem Kunden diese Chance geboten werden. Es sollte alles darangesetzt werden (was auf den ersten Blick paradox klingt!), dass sich diejenigen Kunden, die mit den Leistungen unzufrieden sind, auch tatsächlich bei den Mitarbeitern beschweren. Denn nur so gelingt es zu verhindern, dass verärgerte Kunden still und leise abwandern.

Durch folgende Maßnahmen kann es dem Kunden erleichtert werden, sich bei Unzufriedenheit zu beschweren:

- Aktiver Hinweis der Mitarbeiter auf Beschwerdemöglichkeiten
- Installation sog. „Meckerkästen" im Verkaufsraum
- Einrichtung eines speziellen Beschwerdetelefons und Bekanntmachen dieser Einrichtung auf Rechnungsformularen, Gebrauchsanweisungen, Plakaten sowie in Anzeigen, Werbebriefen u. ä.
- Anbieten einer Zufriedenheitsgarantie („Bei Unzufriedenheit Geld zurück")

(3) Beschwerdebearbeitung

In einem nächsten Schritt sollten die Mitarbeiter berechtigten Kundenklagen aktiv begegnen. Die Vielfalt möglicher Beanstandungsursachen und die damit verknüpfte Gefahr des Querulantentums erfordern in jedem Fall eine Prüfung, die sich auf spezielle Kriterien (z. B. Kundenwert, bisheriges Umsatzvolumen, Verantwortlichkeit, Garantieanspruch etc.) stützt. Falls eine Beschwerde als gerechtfertigt eingestuft wird, muss auf kürzestem Wege eine für alle Beteiligten zufriedenstellende Lösung gefunden werden, nicht zuletzt, um die Zeitspanne einer möglichen negativen Mund-zu-Mund-Werbung zu begrenzen.

(4) Beschwerdeanalyse

Um zukünftiger Unzufriedenheit vorzubeugen, sollten die Beanstandungen des Weiteren systematisch ausgewertet werden. Die Vergleichbarkeit der in diesem Zuge anfallenden Daten kann dadurch sichergestellt werden, dass eine entsprechende Prüfliste angefertigt wird. Um die spätere Auswertung und damit die Vergleichbarkeit der Angaben zu erleichtern, sollten hierbei möglichst detailliert Antwortkategorien zum Ankreuzen vorgegeben werden.

(4) Beschwerdenutzung

Um schließlich die Nutzung der Beschwerdeinformationen vor Ort zu gewährleisten, sollten die gewonnenen Informationen an die betroffenen unternehmensinternen (etwa Verkauf) und -externen Stellen (beispielsweise Lieferanten) weitergeleitet werden. Unternehmensintern können die Beschwerdeinformationen beispielsweise in Qualitätszirkeln oder Fokusgruppen als Basis von Schwachstellenanalysen dienen.

Grenzen

Nicht jede Beschwerde ist auf eine unbefriedigende Leistung des Unternehmens zurückzuführen. Einmal gibt es den notorischen Nörgler, der niemals zufriedenzustellen ist. Zum anderen liegt so manche Unzufriedenheitsursache im Verantwortungsbereich des Kunden (etwa unsachgemäße Bedienung des Produktes). Schließlich verzeichnen nahezu alle Unternehmen steigende Beschwerdequoten, was nicht zuletzt auf den Trend zum kritischen Verbraucher, verstärkt durch Anleitungen in den Medien, zurückzuführen ist.

5.2.2   Kundenabwanderungsrate

(auch Customer Churn Rate, Kundenverlustintensität; in %)

$$= \frac{\text{Zahl der verlorenen Kunden im Betrachtungszeitraum}}{\text{Durchschnittlicher Kundenbestand}} \times 100$$

Diese Kennzahl bringt zum Ausdruck, wieviel Prozent der Kunden dem Unternehmen im Betrachtungszeitraum den Rücken kehren, und ist damit das genaue Gegenteil der Kundenzuwanderungsrate bzw. Zuwanderungsrate.

Da es im Regelfall deutlich kostengünstiger ist, Kunden an das Unternehmen zu binden, als neue Kunden zu gewinnen, müssen den Ursachen der Abwanderung auf den Grund gegangen und entsprechende Gegenmaßnahmen eingeleitet werden.

Beispiel

Ein Unternehmen hat einen durchschnittlichen Bestand von 2.000 Kunden und verliert hiervon im Jahr 300 Kunden. Die Kundenabwanderungsrate beträgt 15 % = (300 Kunden : 2000 Kunden) x 100.

Quellen

Im Regelfall wird die Kundenabwanderungsrate bestimmt, indem man feststellt, wie viele Kunden auf Folgeaufträge verzichten. Erste Anhaltspunkte hierfür bieten die Kündigungsrate (z. B. bei Zeitschriftenanbietern, Versicherungen) oder der Verzicht auf die Befriedigung von Ersatzbedarf (z. B. bei Bürofachgeschäften, Kopiergeräteherstellern), welche der Kundendatenbank zu entnehmen sind.

Interpretation

Neben unvermeidbaren Ursachen wie Tod von Kunden oder Erlöschen des Bedarfs sind in diesem Zusammenhang im Wesentlichen **drei Ursachen** für **Abwanderung** zu nennen:

- Räumliche Abwanderung: Der Kunde ist aus dem Einzugsgebiet des Unternehmens weggezogen. In diesem Fall stehen keine Instrumente zur Verfügung, so dass ein gewisser Prozentsatz an Kundenverlustintensität unweigerlich hingenommen werden muss.

- Abwanderung aus Unzufriedenheit: Hier sollte ein Unternehmen entsprechende Gegenmaßnahmen einleiten. Dazu zählen in erster Linie die Erhöhung der Kundenzufriedenheit, die Verbesserung des Beschwerdemanagements sowie die Rückgewinnung abgewanderter Kunden.

- Variety-Seeking: Der Wunsch nach Abwechslung lässt auch zufriedene Kunden das Unternehmen wechseln.

In der Unternehmenspraxis ist immer wieder festzustellen, dass die meisten Mitarbeiter nur vage Vorstellungen darüber haben, wie viele Kunden jedes Jahr wegen mangelnder Zufriedenheit mit den Produkten und Serviceleistungen abwandern und welcher Profit ihrem Unternehmen dadurch verloren geht. Um den wirtschaftlichen Schaden, der durch den Verlust unzufriedener Kunden entsteht, abschätzen und damit letztlich den eigenen Mitarbeitern vermitteln zu können, sollte die Kundenabwanderungsrate mit dem Kundenwert verknüpft werden.

Maßnahmen zur Beeinflussung

Um dem Kunden stärker an das Unternehmen zu binden und damit der Abwanderung entgegenzuwirken, muss ein Unternehmen die Kundenzufriedenheit steigern. Daneben müssen die **Instrumente** der **Kundenbindung** intensiver eingesetzt werden. Hierzu zählen:

- Technische Wechselbarrieren (Lock-in-Effekt durch Investition in „geschlossene" Technologien; *Oral-B*-Zahnbürste, Kaffee-Kapsel-Systeme, Nass-Rasierer)

- Ökonomische Wechselbarrieren (= Gewährung ökonomischer Anreize; Bonusprogramme: Sach- und Geldprämien mittels *Miles & More*, das Bonusprogramm der *Lufthansa*, oder *Payback*, das Bindungsinstrument von *Loyalty Partner*; Sammelpunkte; mengenabhängiges Pricing: mit höherer Kaufmenge sinkt der Preis pro Mengeneinheit, loyalitätsabhängiges Pricing: sinkende Preise mit zunehmender Dauer der Kundenbeziehung)

- Soziale Wechselbarrieren (Kundenclub: *Family-Club Ikea, Märklin, Pro Sieben, Swatch* oder *SWR 3*; Aufbau emotionaler Bindungen, Add-on-Services wie z. B. Probefahrten mit neuen Modellen)

- Juristische Wechselbarrieren (= rechtlich; festgelegte Vertragslaufzeiten; freiwillige Garantien [etwa 7-Jahres-Garantie von *Kia*, Mobilitätsgarantie von *Mercedes*, die daran gebunden sind, dass sämtliche Wartungs- und Reparaturarbeiten in unternehmenseigenen Werkstätten durchgeführt werden])

- Psychologische Wechselbarrieren (Befürchtungen bzw. Mühen, die mit einem Anbieterwechsel verbunden sind [Kontoverbindung Bank, Stromanbieter, Telefongesellschaften])
- Situative Wechselbarrieren (etwa Mangel an Alternativen, günstiger Standort, Bequemlichkeit Online-Handel)

Grenzen

Bei der Bewertung der Kundenabwanderungsrate gilt es zu berücksichtigen, dass ein bestimmter Anteil abgewanderter Kunden trotz aller Anstrengungen nicht mehr zurückgewonnen werden kann. Hierzu zählen beispielsweise diejenigen Kunden, die den Wohnort gewechselt haben und nun nicht mehr im Einzugsgebiet des Unternehmens ansässig sind.

Unter Renditegesichtspunkten kann es durchaus sinnvoll sein, dass unrentable Kunden abwandern. Deshalb sollte bei den Rückgewinnungsaktivitäten immer der jeweilige Kundenwert im Blick behalten werden.

5.2.3   Kundenfluktuation

(in %)

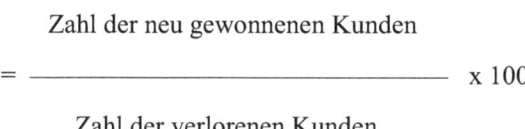

Die Kundenfluktuation bringt das Verhältnis von neu gewonnenen zu verlorenen Kunden zum Ausdruck.

Beispiel

Ein Mobilfunkanbieter hat im Betrachtungszeitraum 900.000 neue Kunden gewonnen. Im gleichen Zeitraum haben 600.000 Kunden ihre Verträge gekündigt. Damit betrug die Kundenfluktuation 150 % = (900.000 : 600.000) x 100. Demnach werden 50 % mehr Kunden gewonnen, als im gleichen Zeitraum abwandern.

Quelle

Die Daten für die Berechnung der Kundenfluktuation sind der Kundenstatistik zu entnehmen. Diese wird in aller Regel von der Vertriebsabteilung geführt.

Interpretation

Eine Kundenfluktuation über 100 % bringt zum Ausdruck, dass mehr Kunden gewonnen als verloren werden. D. h. der Kundenstamm wächst, was insbesondere in wachsenden Märkten von hoher Bedeutung ist.

Eine Kundenfluktuation kleiner als 100 % bedeutet, dass mehr Kunden abwandern als neue hinzugewonnen werden, d. h. der Kundenstamm schrumpft.

Maßnahmen zur Beeinflussung

Einer hohen Kundenfluktuation kann auf **zwei Ebenen** entgegengewirkt werden:

- Einmal kann verstärkt Neukundenakquisition betrieben werden, was insbesondere in stagnierenden bzw. schrumpfenden Märkten mit einem vergleichsweise hohen Kostenaufwand verbunden ist.

- Zum anderen kann der Abwanderungsbewegung entgegengewirkt werden. Hierfür bieten sich neben einer **Steigerung** der **Kundenzufriedenheit** die **Instrumente** der **Kundenbindung** an. Hierzu zählen:

  – Technische Wechselbarrieren (Lock-in-Effekt durch Investition in „geschlossene" Technologien; *Oral-B*-Zahnbürste, Kaffee-Kapsel-Systeme, Nass-Rasierer)

  – Ökonomische Wechselbarrieren (= Gewährung ökonomischer Anreize; Bonusprogramme: Sach- und Geldprämien mittels *Miles & More*, das Bonusprogramm der *Lufthansa*, oder *Payback*, das Bindungsinstrument von *Loyalty Partner*; Sammelpunkte; mengenabhängiges Pricing: mit höherer Kaufmenge sinkt der Preis pro Mengeneinheit, loyalitätsabhängiges Pricing: sinkende Preise mit zunehmender Dauer der Kundenbeziehung)

  – Soziale Wechselbarrieren (*Kundenclub*: Family-Club *Ikea*, *Märklin*, *Pro Sieben*, *Swatch* oder *SWR 3*; Aufbau emotionaler Bindungen, Add-on-Services wie z. B. Probefahrten mit neuen Modellen)

  – Juristische Wechselbarrieren (= rechtlich; festgelegte Vertragslaufzeiten; freiwillige Garantien [etwa 7-Jahres-Garantie von Kia, Mobilitätsgarantie von *Mercedes*, die daran gebunden sind, dass sämtliche Wartungs- und Reparaturarbeiten in unternehmenseigenen Werkstätten durchgeführt werden])

– Psychologische Wechselbarrieren (Befürchtungen bzw. Mühen, die mit einem Anbieterwechsel verbunden sind [Kontoverbindung Bank, Stromanbieter, Telefongesellschaften])

– Situative Wechselbarrieren (etwa Mangel an Alternativen, günstiger Standort, Bequemlichkeit Online-Handel)

Grenzen

Eine hohe Kundenfluktuation muss nicht unbedingt von Nachteil sein, da es durchaus ökonomisch sinnvoll sein kann, wenn unrentable Kunden abwandern. Deshalb muss unbedingt auch der Deckungsbeitrag der abgewanderten Kunden im Blick behalten werden.

5.2.4   Kundenzufriedenheit

Definition

• Confirmation/Disconfirmation-Paradigma: Kundenzufriedenheit = Soll-Ist-Vergleich zwischen wahrgenommenen objektiven Gegebenheiten (= Ist-Wert) und Erwartungen (= Soll-Wert, Anspruchsniveau), die aufgrund eigener und fremder Erfahrungen permanent modifiziert werden

• Unzufriedenheit wird durch zu hohe Erwartungen des Kunden, eine zu geringe Leistung des Unternehmens oder eine Kombination aus beidem hervorgerufen.

• Zufriedenheit stellt sich ein, wenn die Erwartungen des Kunden an das Unternehmen erfüllt wurden.

• Begeisterung schließlich kann man dann beobachten, wenn ein Anbieter die Erwartungen deutlich übertroffen hat.

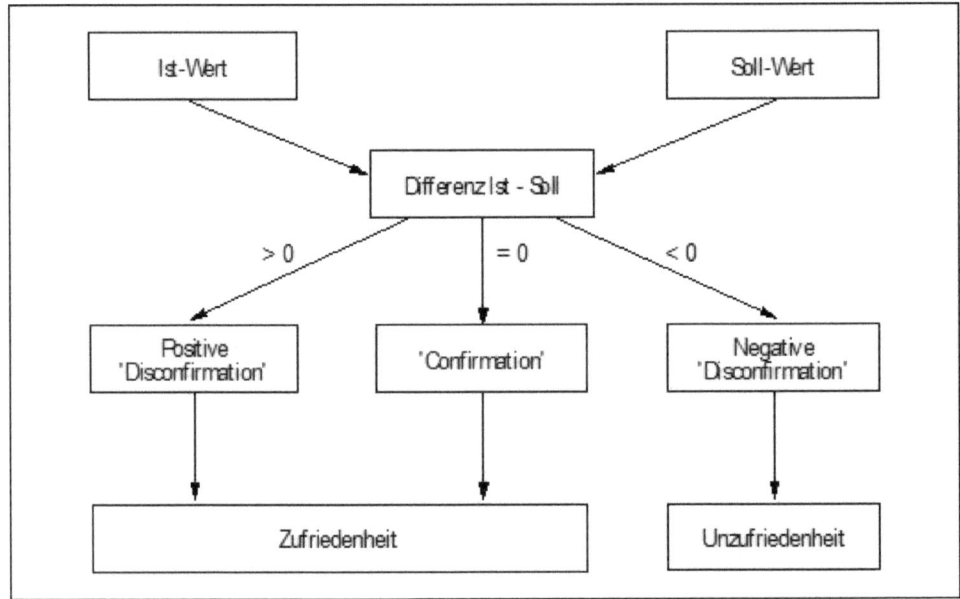

Abb. 5.1: Confirmation/Disconfirmation-Paradigma der Kundenzufriedenheit

Quellen

Die meisten Unternehmen beschränken sich aus Gründen der Einfachheit darauf, Kundenzufriedenheit aus Leistungsgrößen wie Umsatz oder Marktanteil abzuleiten. Dass diese Kennzahlen trotz des geringen Erhebungsaufwandes keine zuverlässigen Rückschlüsse auf die Zufriedenheit von Kunden zulassen, verdeutlichen die folgenden Beispiele:

- Der Umsatz eines Unternehmens kann konjunkturell, saisonal oder durch Preiserhöhungen bedingt gewachsen sein, ohne dass sich die Zufriedenheit der Kunden verändert hat.

- Der steigende Marktanteil eines Unternehmens muss nicht unbedingt darauf zurückzuführen sein, dass die Kunden nun zufriedener sind. Vielmehr ist es auch denkbar, dass die Verbraucher aufgrund kurzfristiger Lieferengpässe von Wettbewerbern notgedrungen dort einkaufen müssen.

- Umsatz- und Marktanteilsveränderungen ist gemeinsam, dass sie nur einen sehr begrenzten Einblick in die Ursachen von (Un-)Zufriedenheit gewähren. Das heißt konkret: Im Idealfall weiß man zwar, dass das eigene Unternehmen besser oder schlechter geworden ist, es bleibt aber unklar, in welchen Bereichen bzw. warum.

Wenn man einen fundierten Einblick in die Zufriedenheit der Kunden gewinnen will, bieten sich grundsätzlich **zwei Messansätze** an (vgl. Tab. 5.1):

- **Objektorientierte Verfahren:**

  Diese werden in der Unternehmenspraxis am häufigsten eingesetzt. Objektorientiert bedeutet, dass Größen, die nicht auf der Einschätzung der Kunden basieren, sondern am betreffenden Unternehmen anknüpfen, herangezogen werden. Neben den Kennzahlen Umsatz und Marktanteil, die mit erheblichen Mängeln behaftet sind, zählen zu dieser Kategorie die Analyse der Kundenloyalität (Wiederkäuferrate), die Auswertung von Reklamationen, Garantiefällen und Beschwerden (Beschwerdequote) sowie die Durchführung von Qualitätskontrollen (beispielsweise Testkäufe).

- **Subjektorientierte Verfahren:**

  Diese Messansätze knüpfen unmittelbar an der Einschätzung des Subjekts, nämlich des Kunden an. Zu diesem Zweck bedient man sich der Kundenbefragung. Grundsätzlich lässt sich zwischen merkmalsgestützten und ereignisorientierten Verfahren unterscheiden. Im Falle der merkmalsgestützten Verfahren muss der Kunde ein Unternehmen bzw. dessen Produkte als Ganzes (eindimensionale Messung; vgl. Abb. 5.2) oder bestimmte Eigenschaften derselben (mehrdimensionale Messung; vgl. Abb. 5.3) zu bewerten. Bei den ereignisorientierten Verfahren wird der Kunde aufgefordert, positive bzw. negative Erfahrungen mit dem Unternehmen frei zu schildern. Bei den subjektorientierten Verfahren bedient man sich der Kundenbefragung.

Tab. 5.1: Ansätze zur Erfassung der Kundenzufriedenheit

Objektorientierte Verfahren	Subjektorientierte Verfahren
Erfassung von Finanzkennzahlen • Umsatz • Marktanteil	Merkmalsgestützte Verfahren • Eindimensionale Messung • Mehrdimensionale Messung
Auswertung von • Reklamationen • Garantiefällen • Beschwerden	Ereignisorientierte Verfahren • Methode der kritischen Ereignisse • Sequentielle Ereignismethode
Durchführung von Qualitätskontrollen • Testkäufe • Dienstleistungs-Tests	

Wenn Sie einmal all Ihre Erfahrungen Revue passieren lassen: Wie zufrieden sind Sie mit unserem **Restaurant ganz allgemein**?

sehr unzufrieden	unzufrieden	eher unzufrieden	weder / noch	eher zufrieden	zufrieden	sehr zufrieden
-3	-2	-1	0	+1	+2	+3

Abb. 5.2: Messung der globalen Zufriedenheit (Beispiel Restaurantbesuch)

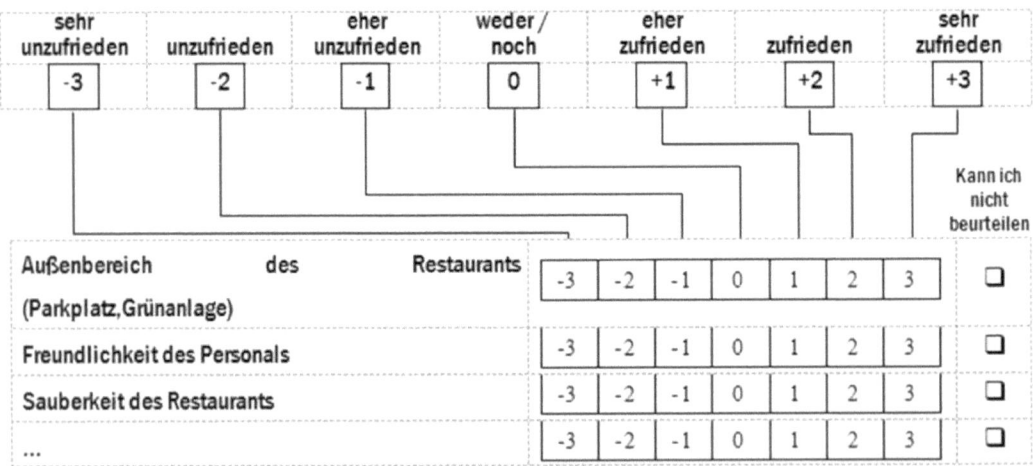

Abb. 5.3: Messung der Zufriedenheit mit Einzelmerkmalen der Unternehmensleistung (Beispiel Restaurantbesuch)

Interpretation

Kundenzufriedenheit gilt als einer der zentralen Faktoren des Unternehmenserfolgs. Denn zufriedene und begeisterte Kunden:

- kaufen mehr und bleiben länger treu.

- kaufen bevorzugt beim Unternehmen ein, wenn dieser neue bzw. verbesserte Produkte und Dienstleistungen auf den Markt bringt. Damit steigt auch der Umsatz, der mit dieser Geschäftsbeziehung erzielt werden kann (sog. Cross-Selling). Zur Überprüfung bietet sich die Berechnung der Cross-Selling-Quote (= Anzahl der Käufer von Produkt A, die zu einem späteren Zeitpunkt auch ein Produkt B, C und/oder D beim gleichen Unternehmen kaufen) an.

- reagieren weniger sensibel auf Preiserhöhungen. Kaum ein Kunde wird wegen einer Preissteigerung von 3 % die langjährige und fruchtbare Beziehung zu einem Anbieter zu Bruch gehen lassen. Beispielsweise hat man festgestellt, dass zufriedene Kunden für guten Service bis zu 9 % höhere Preise in Kauf nehmen.

- beachten die Angebote von Wettbewerbern seltener. Auf diese Weise können Wechselbarrieren aufgebaut werden.

- sind kostengünstiger zu betreuen, da sich die Beziehung mit ihnen eingespielt hat. Dadurch sinken im Regelfall die Marketing- und Vertriebskosten, der Informations- und Koordinationsbedarf nimmt ab.

Kundenzufriedenheit gewährt noch einen weiteren Vorteil: Durch die Weiterempfehlung zufriedener Kunden (positive Mund-zu-Mund-Propaganda) erhält das Unternehmen quasi auf kostenlosem Wege Werbung.

Ist der Kunde dagegen unzufrieden, entgehen dem betroffenen Unternehmen nicht nur Erlöse, sondern es fallen auch Aufwendungen für Nachbesserung, Kulanzregelungen sowie gelegentlich auftretende Regressansprüche an. Verantwortlich hierfür sind:

- Abwanderung, d. h. der Kunde wechselt bei Unzufriedenheit den Anbieter oder zumindest die Marke bzw. boykottiert ein Unternehmen im Extremfall.

- negative Mund-zu-Mund-Werbung, d. h. er bringt seine Unzufriedenheit mit den Leistungen des Unternehmens bei Freunden, Bekannten und Kollegen zum Ausdruck. Untersuchungen belegen, dass unzufriedene Kunden bis zu 15 Bekannten, Freunden und Verwandten von ihrem negativen Erlebnis berichten.

- Beschwerden gegenüber Unternehmen und Dritten wie z. B. Verbraucherschutzeinrichtungen, Schiedsstellen und Medien (→ Beschwerdequote).

Abb. 5.4 vermittelt einen zusammenfassenden Überblick über die Reaktionen des Kunden auf (Un-)Zufriedenheit.

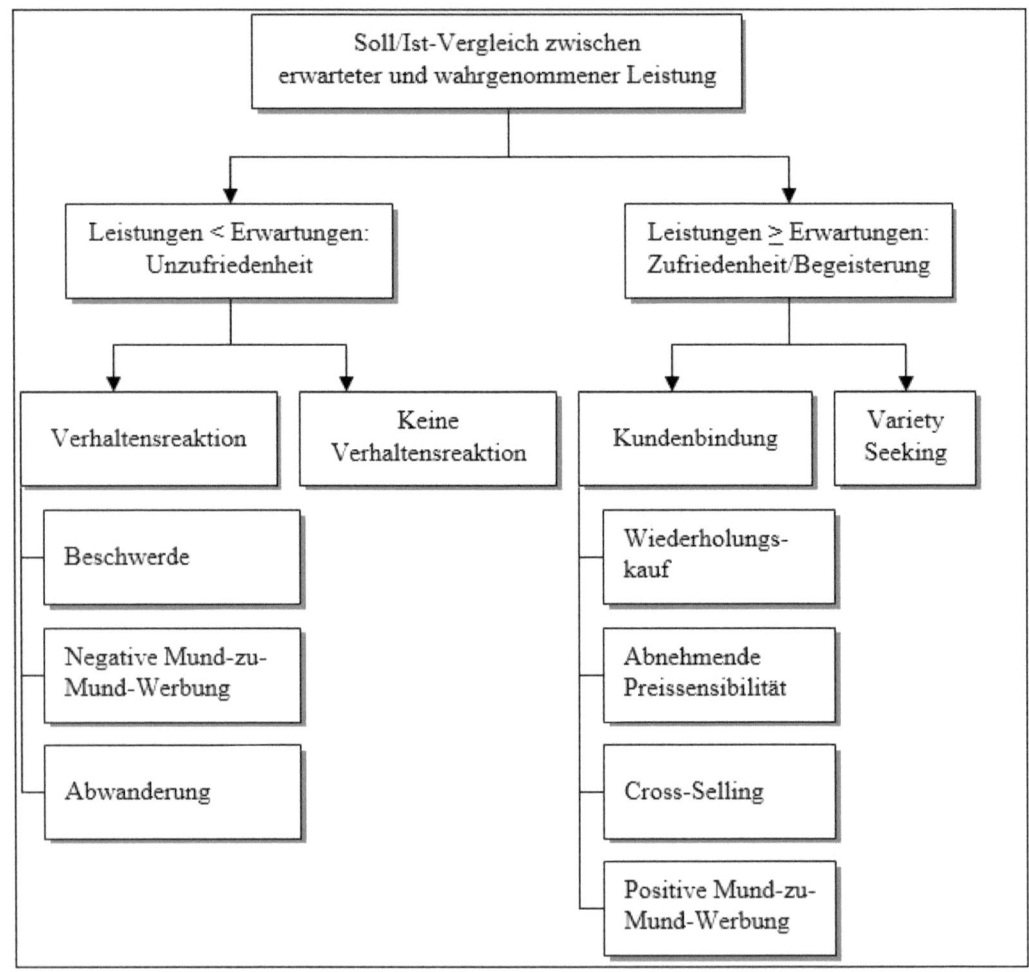

Abb. 5.4: Reaktionen des Kunden auf (Un-)Zufriedenheit

Maßnahmen zur Beeinflussung

Will man Ansatzpunkte für die Beeinflussung der Kundenzufriedenheit aufspüren, muss man sich die Funktionen der Erfassung von Kundenzufriedenheit vor Augen führe. Hier sind **drei Aufgabenbereiche** zu nennen, die im Unternehmensalltag eng miteinander verknüpft sind:

- **Behebung von Einzelfällen (Reparaturfunktion)**

  Zunächst konzentriert man sich darauf, einzelne Fälle von Unzufriedenheit aufzuspüren und unzufriedene Kunden in ihrem negativen Urteil über das Unternehmen sowie dessen Leistungen umzustimmen. Das Spektrum der Möglichkeiten reicht hier von Umtausch, Reparatur, Schadensersatz, Preisnachlass, Geld zurück sowie Beratungsleistungen über kleine Geschenke, Gutscheine u. ä. bis hin zur Entschuldigung beim Kunden.

- **Ermittlung von Verbesserungspotenzial (Lernfunktion)**

  Wenn sich ein Unternehmen ausschließlich auf die Behebung von Einzelfällen beschränkt, ändert sich – lässt man einmal zufällige Schwankungen außen vor – im Grunde nichts an der zukünftigen Qualität der Unternehmensleistungen. Die gleichen Fehler würden immer wieder auftreten. Getreu dem Motto: „Man darf jeden Fehler machen, aber eben nur einmal." gilt es vielmehr, aus den negativen Erfahrungen zu lernen und die Unternehmensleistung dahingehend zu verbessern, dass in Zukunft keine oder zumindest weniger Unzufriedenheit beim Kunden entsteht.

  Dies erfordert eine fundierte Dokumentation, Auswertung und Diskussion der negativen Ereignisse. Denn nur so wird es gelingen, gemeinsam mit den Mitarbeitern aus den Fehlern zu lernen und Verbesserungspotenzial aufzudecken.

- **Kennzahlen für das Personal-Management (Anreizfunktion)**

  Diese Funktion ist unmittelbar mit den beiden anderen Aufgabenbereichen vernetzt, sie unterstützt bzw. flankiert diese quasi. Wer argumentiert, dass höhere Kundenzufriedenheit dem Unternehmen einen erheblichen ökonomischen Nutzen beschert, muss konsequenterweise die Mitarbeiter im Sinne eines Intrapreneurship, eines Unternehmertums im Unternehmen, am Erfolg teilnehmen lassen. Hierfür eignet sich ein auf Kundenzufriedenheit basierendes Anreizsystem, das seinerseits die fundierte und kontinuierliche Erfassung der Kundenzufriedenheit voraussetzt.

Grenzen

In der Unternehmenspraxis ist immer wieder zu beobachten, dass Kunden aufgrund des Wunsches nach Abwechslung abwandern, obwohl sie zufrieden sind (sog. **Variety-Seeking**). In diesen Fällen kann von Kundenzufriedenheit nicht unbedingt auf Kundenloyalität geschlossen werden, d. h. hier müssen die **Instrumente der Kundenbindung** eingesetzt werden. Dazu zählen u. a.:

- Technische Wechselbarrieren (Lock-in-Effekt durch Investition in „geschlossene" Technologien; *Oral-B*-Zahnbürste, Kaffee-Kapsel-Systeme, Nass-Rasierer)

- Ökonomische Wechselbarrieren (= Gewährung ökonomischer Anreize; Bonusprogramme: Sach- und Geldprämien mittels *Miles & More*, das Bonusprogramm der *Lufthansa*, oder *Payback*, das Bindungsinstrument von *Loyalty Partner*; Sammelpunkte; mengenabhängiges Pricing: mit höherer Kaufmenge sinkt der Preis pro Mengeneinheit, loyalitätsabhängiges Pricing: sinkende Preise mit zunehmender Dauer der Kundenbeziehung)

- Soziale Wechselbarrieren (Kundenclub: *Family-Club Ikea*, *Märklin*, *Pro Sieben*, *Swatch* oder *SWR 3*; Aufbau emotionaler Bindungen, Add-on-Services wie z. B. Probefahrten mit neuen Modellen)

- Juristische Wechselbarrieren (= rechtlich; festgelegte Vertragslaufzeiten; freiwillige Garantien [etwa 7-Jahres-Garantie von *Kia*, Mobilitätsgarantie von *Mercedes*, die daran gebunden sind, dass sämtliche Wartungs- und Reparaturarbeiten in unternehmenseigenen Werkstätten durchgeführt werden])

- Psychologische Wechselbarrieren (Befürchtungen bzw. Mühen, die mit einem Anbieterwechsel verbunden sind [Kontoverbindung Bank, Stromanbieter, Telefongesellschaften])

- Situative Wechselbarrieren (etwa Mangel an Alternativen, günstiger Standort, Bequemlichkeit Online-Handel)

5.2.5   Nutzerquote von Kundenbindungsmaßnahmen

(in %)

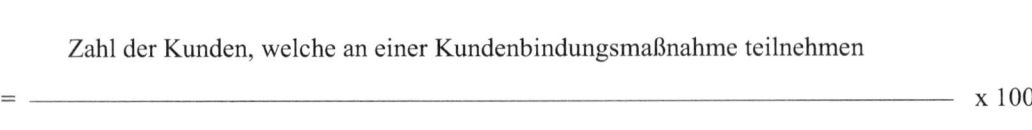

$$= \frac{\text{Zahl der Kunden, welche an einer Kundenbindungsmaßnahme teilnehmen}}{\text{Gesamtzahl der Kunden}} \times 100$$

Hierzu zählen:

- Teilnahme an Bonusprogrammen: Sach- und Geldprämien mittels *Miles & More*, das Bonusprogramm der *Lufthansa*, oder *Payback*, das Bindungsinstrument von *Loyalty Partner*; Sammeln von Treuepunkten

- Mitgliedschaft in Kundenclubs: etwa *Family-Club Ikea*, *Märklin*, *Pro Sieben, Swatch* oder *SWR 3*.

- Abschluss langer Vertragslaufzeiten: etwa bei Stromanbietern, Telefongesellschaften

5.2.6   Mitgliederquote

(siehe auch Nutzerquote von Kundenbindungsmaßnahmen; in %)

$$= \frac{\text{Zahl der Kunden, die Mitglieder im Kundenclub sind}}{\text{Gesamtzahl der Kunden}} \times 100$$

5.2.7   Reklamationsquote

(in %)

$$= \frac{\text{Anzahl der reklamierenden Kunden}}{\text{Gesamtzahl der Kunden}} \times 100$$

Für Reklamationen ist charakteristisch, dass der Verkäufer für Sachmängel haftet. Die gesetzlich vorgeschriebenen Gewährleistungspflichten von Hersteller- oder Handelsunternehmen im Bereich von Ersatz-, Reparatur- oder Wartungsleistungen sind in den §§ 459 bis 492 und 633 bis 640 BGB geregelt. Darüber hinaus gewähren zahlreiche Unternehmen freiwillige Garantieleistungen, die über den gesetzlichen Anspruch hinausgehen. Diese werden dem Käufer auf Basis separater Garantieverträge eingeräumt und können sich auf verschiedene Leistungskomponenten, aber auch auf den Preis oder die Kundenzufriedenheit beziehen (sog. Preis- oder Zufriedenheitsgarantie). Demnach sind Garantiequote und Reklamationsquote ein Teil der Beschwerdequote.

Vor dem Hintergrund dieser Ausführungen wird deutlich, dass Reklamationen bzw. Garantiefälle einen Sonderfall der Beschwerde bilden. Demnach greift eine ausschließliche Fokussierung auf Reklamationen bzw. Garantiefälle, wie sie von den meisten Unternehmen praktiziert wird, viel zu kurz.

5.2.8   Wiederkäuferrate

(siehe auch Kundenbindungsgrad, Kundenloyalität/-treue, Markentreue; in %)

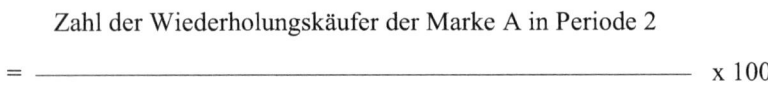

$$= \frac{\text{Zahl der Wiederholungskäufer der Marke A in Periode 2}}{\text{Zahl der Erstkäufer der Marke A in Periode 1}} \times 100$$

Die Wiederkäuferrate bringt zum Ausdruck, wie hoch der Anteil der Erstkäufer der Marke A, welche in der nächsten Periode wieder die Marke A kaufen. Damit dient die Wiederkäuferrate neben der Wiederkaufrate der Ermittlung der Markentreue von Kunden und ist letztlich eine Kennzahl für das Ausmaß der Kundenbindung und Kundenzufriedenheit. Daraus lässt sich die Stammkundenquote ableiten.

Beispiel

Eine neue Marke für Kartoffelchips wird auf dem deutschen Markt eingeführt. Im ersten Jahr kaufen 500.000 Personen dieses Produkt. Von diesen Erstkäufern bleiben im zweiten Jahr 125.000 Kunden der Marke treu, der Rest wendet sich anderen Produkten zu. Demnach beträgt die Wiederkäuferrate 25 % = 125.000 Wiederholungskäufer : 500.000 Erstkäufer) x 100.

Quellen

Der Einsatz dieser Kennzahl ist an die Voraussetzung geknüpft, dass die Erst- und Wiederholungskäufer in der betrieblichen Praxis identifiziert werden können. Dies kann über die in Haushaltspanels erhobenen Daten geschehen.

Als Panel bezeichnet man einen bestimmten, gleichbleibenden Kreis von Adressaten (im vorliegenden Fall Haushalte), bei dem wiederholt (in regelmäßig zeitlichen Abständen) Erhebungen zum (im Prinzip) gleichen Untersuchungsgegenstand durchgeführt werden. Hierbei werden mündliche, schriftliche oder telefonische Befragung oder Beobachtung eingesetzt. Die *GfK* und *Nielsen* führen solche Haushaltspanels durch.

Entsprechende Daten können bei Vorhandensein auch einer Kundendatenbank entnommen werden, die eventuell vom Einsatz einer Kundenkarte flankiert wird.

Interpretation

Die Wiederkäuferrate spielt eine wichtige Rolle im *Parfitt-Collins*-Modells. Hierbei handelt es sich um eine Planungshilfe, die auf einer Zerlegung des Marktanteils in **drei Komponenten** basiert: Neben der **Wiederkäuferrate** werden auch der **Feldanteil** (auch Marktpenetration, Penetration; = ([Anzahl der Abnehmer, die ein Produkt mindestens einmal gekauft haben : Anzahl der möglichen Abnehmer] x 100) sowie die **Kaufintensität** (= durchschnittliche Kaufmenge pro Käufer und Kaufakt oder durchschnittliche Kaufmenge pro Zeiteinheit) in die Analyse einbezogen.

Auf diese Weise gelingen instruktive Einblicke in die Ursachen des Marktanteils. Denn es ist etwas ganz anderes, ob ein hoher Marktanteil auf einer hohen Zahl von Erstkäufern, einer hohen Anzahl von Wiederholungskäufern oder einer hohen Anzahl von Intensivkäufern beruht.

Maßnahmen zur Beeinflussung

Hierfür bieten sich neben einer Steigerung der **Kundenzufriedenheit** die **Instrumente der Kundenbindung** an. Dazu zählen u. a.:

• Technische Wechselbarrieren (Lock-in-Effekt durch Investition in „geschlossene" Technologien; *Oral-B*-Zahnbürste, Kaffee-Kapsel-Systeme, Nass-Rasierer)

• Ökonomische Wechselbarrieren (= Gewährung ökonomischer Anreize; Bonusprogramme: Sach- und Geldprämien mittels *Miles & More*, das Bonusprogramm der *Lufthansa*, oder *Payback*, das Bindungsinstrument von *Loyalty Partner*; Sammelpunkte; mengenabhängiges Pricing: mit höherer Kaufmenge sinkt der Preis pro Mengeneinheit, loyalitätsabhängiges Pricing: sinkende Preise mit zunehmender Dauer der Kundenbeziehung)

• Soziale Wechselbarrieren (Kundenclub: *Family-Club Ikea, Märklin, Pro Sieben, Swatch* oder *SWR 3*; Aufbau emotionaler Bindungen, Add-on-Services wie z. B. Probefahrten mit neuen Modellen)

• Juristische Wechselbarrieren (= rechtlich; festgelegte Vertragslaufzeiten; freiwillige Garantien [etwa 7-Jahres-Garantie von *Kia*, Mobilitätsgarantie von *Mercedes*, die daran gebunden sind, dass sämtliche Wartungs- und Reparaturarbeiten in unternehmenseigenen Werkstätten durchgeführt werden])

- Psychologische Wechselbarrieren (Befürchtungen bzw. Mühen, die mit einem Anbieterwechsel verbunden sind [Kontoverbindung Bank, Stromanbieter, Telefongesellschaften])

- Situative Wechselbarrieren (etwa Mangel an Alternativen, günstiger Standort, Bequemlichkeit Online-Handel)

Grenzen

Bei der Berechnung der Wiederkäuferrate wird allgemein davon ausgegangen, dass zufriedene Kunden das Produkt bei Bedarf erneut kaufen, wohingegen unzufriedene Kunden abwandern. Dieser Zusammenhang gilt jedoch nur in den Fällen, in denen die Kunden nicht durch andere (ökonomische, juristische, technologische, soziale, psychologische und/oder situative) Instrumente gebunden sind. In solchen Fällen birgt die Fokussierung auf die Wiederkäuferrate die Gefahr in sich, dass unzufriedene Kunden in dem Moment abwandern, in dem die geschilderten Kundenbindungsinstrumente nicht mehr greifen.

Bei der Interpretation der Wiederkäuferrate muss ins Kalkül gezogen werden, dass dabei das Ziel der Kundenbindung im Vordergrund steht. Die Neukundenakquisition hingegen bleibt bei der Betrachtung dieser Kennzahl außen vor. Demnach birgt eine ausschließliche Betrachtung der Wiederkäuferrate insbesondere in wachsenden Märkten erhebliche Risiken in sich, so dass auch der Feldanteil in die Betrachtung einbezogen werden muss.

5.3   Steigerung der Beziehungserlöse pro Periode

5.3.1   Cross-Selling-Quote

(in %)

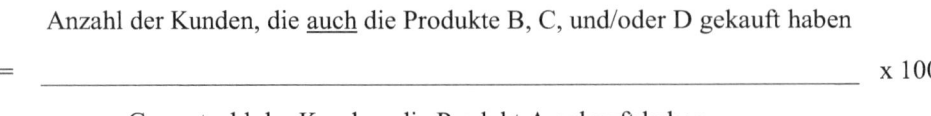

$$= \frac{\text{Anzahl der Kunden, die \underline{auch} die Produkte B, C, und/oder D gekauft haben}}{\text{Gesamtzahl der Kunden, die Produkt A gekauft haben}} \times 100$$

Die Cross-Selling-Quote errechnet das Potenzial, Umsatzsteigerungen durch den Verkauf zusätzlicher Produkte oder Dienstleistungen (Zubehör, aber auch Waren aus anderen Produktbereichen) an vorhandene Kunden eines Unternehmens zu generieren. Eine hohe Cross Selling-Quote spricht für eine effiziente Vertriebsstrategie und eine starke Kundenbindung. Besonders für Banken, Versicherungen und Unternehmen mit hoher Produktdiversifikation ist sie eine zentrale Kennzahl.

5.3.2 Einkaufsbetrag, durchschnittlicher

(in Geldeinheiten)

$$= \frac{\text{Umsatz}}{\text{Zahl der Kunden bzw. Besucher}}$$

In der Unternehmenspraxis werden folgende Varianten ermittelt:

- durchschnittlicher Einkaufsbetrag pro Kunde (sog. Einkaufsbonanalyse)
- durchschnittlicher Einkaufsbetrag pro Besucher

Die Kennzahl ist im Lebensmittelhandel weitverbreitet, wobei im Regelfall der Tages- oder Wochenumsatz zugrunde gelegt wird. Der durchschnittliche Einkaufsbetrag steht im Regelfall in einer positiven Beziehung zur Betriebsgröße: Je größer die Verkaufsfläche, desto höher der durchschnittliche Einkaufsbetrag pro Kunde. Der durchschnittliche Einkaufsbetrag steht auch in einem Abhängigkeitsverhältnis zur durchschnittlichen Einkaufshäufigkeit ($\rightarrow$ Einkaufshäufigkeit, durchschnittliche). Mit abnehmender Einkaufshäufigkeit ist eine Zunahme des durchschnittlichen Einkaufsbetrages pro Kaufakt anzunehmen.

Beispiel

Eine Filiale eines Lebensmitteleinzelhandelsunternehmens erwirtschaftet in einer Kalenderwoche einen Umsatz von 240.000 €. Die Zahl der Kunden lag im gleichen Zeitraum bei 9.600. Damit belief sich der durchschnittliche Einkaufsbetrag pro Kunde auf 25 € (= 240.000 € : 9.600 Kunden).

Quellen

Die für die Berechnung des durchschnittlichen Einkaufsbetrags erforderlichen Daten können entweder dem Warenwirtschaftssystem entnommen oder im Zuge einer Kassenbonanalyse ermittelt werden.

Interpretation

Der durchschnittliche Einkaufsbetrag wird festgelegt durch:

* die Menge, die von einem Artikel erworben wird,

* den Preis pro Packungseinheit eines Artikels sowie

* die Zahl der gemeinsam gekauften Artikel (sog. Verbundkäufe).

Der durchschnittliche Einkaufsbetrag pro Kunde vermittelt erste Hinweise auf die Sortiments-struktur. Fällt diese Kennzahl im Vergleich zu anderen Unternehmen zu niedrig aus, muss dies als Hinweis auf Schwächen im Sortiment interpretiert werden. Offensichtlich kann der Kunde nicht zu Spontankäufen angeregt werden und/oder nicht alle geplanten Käufe realisieren. Letzteres lässt darauf schließen, dass das Sortiment nicht an den Bedürfnissen der Kunden ausgerichtet ist oder aber Regallücken infolge zahlreicher Fehlartikel bestehen.

Maßnahmen zur Beeinflussung

Um den durchschnittlichen Einkaufsbetrag zu erhöhen, bieten sich grundsätzlich **zwei Ansatz-punkte**:

* Einmal kann das geplante Kaufverhalten positiv beeinflusst werden durch

    – die Vermeidung von Regallücken,

    – die Erweiterung (z. B. um Non-Food-Produkte) und/oder Umstrukturierung des Sorti-ments nach den Bedürfnissen der Kunden sowie

    – die Erhöhung der durchschnittlichen Einkaufsmenge durch Mengenrabatte und Verände-rung der Verpackungsgrößen (→ Einkaufsmenge, durchschnittliche).

* Zum anderen können die Impuls- bzw. Spontankäufe durch entsprechende Verkaufsförde-rungsaktionen (z. B. Probierstände mit Verkostungen, Events, Sonderpreisaktivitäten u. ä.) positiv beeinflusst werden.

Grenzen

Der durchschnittliche Einkaufsbetrag basiert auf dem Umsatz und vermittelt demnach keinen Einblick in die Gewinnsituation eines Unternehmens.

5.3.3   Einkaufshäufigkeit, durchschnittliche

(auch Einkaufsfrequenz, Kauffrequenz, Kaufhäufigkeit)

= Häufigkeit, in der in einer bestimmten Zeitspanne (etwa Woche, Monat, Jahr) bestimmte Güter (einzelne Artikel, Artikel aus einer Produkt- oder Warengruppe) gekauft oder Käufe in einem bestimmten Unternehmen oder einer Gruppe von Unternehmen (z. B. Einkaufszentrum) durchgeführt werden

Häufig werden auch Einkaufsfrequenz-Verteilungen aufgestellt (sog. Lorenz-Kurven). In diesen Fällen versteht man unter Einkaufshäufigkeit die Anzahl der Käufer, die während des Betrachtungszeitraums einmal, zweimal, dreimal usw. im Produktfeld gekauft haben. Dabei hat es sich als zweckmäßig erwiesen, die Käufergruppen der einzelnen Häufigkeitsklassen nach weiterführenden Merkmalen zu analysieren (z. B. nach Käuferstrukturen, Wahl der Einkaufsstätten bzw. Marken, Wahl der Packungsgrößen).

Quellen

Angaben über die in der Unternehmenspraxis anzutreffenden Einkaufshäufigkeiten lassen sich folgenden **Quellen** entnehmen:

- Verbraucherpanels (beispielsweise der *Gesellschaft für Konsumgüterforschung GfK*): Häufigkeit des Kaufs einer Marke, Zahl der Besuche in einer Einkaufsstätte, Zeitraum zwischen zwei Besuchen

- Typologie der Wünsche-Studie des *Burda*-Verlages: Häufigkeit des Kaufs von Produkten eine bestimmten Warengruppe

- Kundenverkehrsanalyse der Bundesarbeitsgemeinschaft der Mittel- und Großbetriebe des Einzelhandels: Zeitraum zwischen Befragungszeitpunkt in einer Einkaufsstätte und letztem Besuch derselben.

- Media-Analyse (MA) der Arbeitsgemeinschaft *Media-Analyse (AG.MA)*: Häufigkeit, mit der die Befragten in welchen Ladentypen einkaufen

Außerdem bietet sich die Möglichkeit, die Einkaufshäufigkeit mittels Kundenbefragungen oder auf elektronischem Wege unter Einsatz von Kundenkarten zu erheben.

Interpretation

Die Einkaufshäufigkeit hängt vor allem von folgenden **Faktoren** ab:

- Marketingaktivitäten von Hersteller und Handel

- Verbrauchs- und Verwendungsgewohnheiten der Konsumenten

- Durchschnittliche Einkaufsmenge ($\rightarrow$ Einkaufsmenge, durchschnittliche)

Die Kennzahl der Einkaufshäufigkeit unterstützt u. a. bei der Beantwortung folgender **Fragestellungen**:

- Wann müssen Direct-Mails (= Werbebriefe) geschaltet werden, um den Kunden bedarfsgenau anzusprechen?

- Zu welchem Zeitpunkt sollen neue Produkte eingeführt oder Verkaufsförderungsaktionen durchgeführt werden?

- Welche Mengen an Waren müssen vorrätig gehalten werden?

- Können durch eine Reduzierung der Einkaufshäufigkeit eine Vergrößerung der Einkaufsmenge und damit ein früheres Einkaufen des Kunden erzielt werden? Hierzu kann man sich einer Vergrößerung der Verpackung oder eines Mengenrabatts bedienen.

Außerdem können mit Hilfe dieser Kennzahl auch Käufer charakterisiert und weiter untersucht werden. So lässt sich anhand der Einkaufshäufigkeit die relative Bedeutung der Intensivkäufer am Umsatz erfassen.

Maßnahmen zur Beeinflussung

Um die Einkaufshäufigkeit zu steigern, bieten sich im Wesentlichen **drei Ansatzpunkte**:

- Erhöhung der Einkaufsfrequenz, indem die Kaufintensität eines Produkts gesteigert wird. Man denke in diesem Zusammenhang beispielsweise an Eiscreme, die durch geschickte Marketingaktivitäten von einem Artikel, den Verbraucher lediglich in der warmen Jahreszeit konsumierten, zu einem Ganzjahresprodukt umpositioniert wurde.

- Motivation des Kunden, ein Produkt zu erwerben, bevor der eigentlich notwendig wäre (sog. Stimulierung von Ersatzbedarf). Hierzu zählen beispielsweise zeitlich begrenzte Sonderaktionen (Sondermodelle, Sonderpreise, Sonderkonditionen im Falle von Finanzierungen), die Inzahlungnahme des noch gebrauchsfähigen alten Produktes bei Kauf eines neuen Produktes (z. B. bei Rasierapparaten, Pkws) und die modische Veralterung eines Produkts.

- Verkürzung von Aktionsintervallen, so dass der Kunde häufiger die Einkaufsstätte aufsuchen muss. Beispiel hierfür ist Aldi Süd, das seine Aktionsintervalle von einmal wöchentlich (Mittwoch) auf zweimal wöchentlich (Montag und Donnerstag) verkürzt hat.

Grenzen

Da grundsätzlich eine wachsende Bedeutung von Großeinkäufen festzustellen ist, müssen Haushalte, die selten einkaufen, nicht zwangsläufig identisch sein mit Haushalten, die wenig einkaufen. Aus diesem Grund ist anzunehmen, dass mit sinkender Einkaufshäufigkeit der durchschnittliche Einkaufsbetrag (Einkaufsbetrag, durchschnittlicher) und die durchschnittliche Einkaufsmenge (Einkaufsmenge, durchschnittliche) steigen.

5.3.4   Einkaufsmenge, durchschnittliche

(in Geldeinheiten)

= durchschnittliche Kaufmenge pro Käufer und Kaufakt

oder

= durchschnittliche Kaufmenge pro Zeiteinheit

Ausgehend von dieser Kennzahl lassen sich Käufer nach ihrer Einkaufsmenge für das betrachtete Produkt sortieren. Bei den sog. Intensivkäufern liegt die Einkaufsmenge über dem Durchschnitt der Warengruppe. Normalkäufer liegen im Durchschnitt, Extensivkäufer unter der durchschnittlichen Einkaufsmenge der jeweiligen Warengruppe. Es bietet sich an, diese Kundentypen nach weiteren Kriterien (z. B. Soziodemographika, Markenverwendung) zu untersuchen, um hierdurch Ansatzpunkte für eine zielgruppengenaue Ansprache zu gewinnen.

Quellen

Angaben über die Einkaufsmenge können folgenden **Quellen** entnommen werden:

- Firmeninterne Statistiken (z. B. Kundenbonanalyse)

- Verbraucher- und Einzelhandelspanels (z. B. der *GfK*, Nürnberg)

- Wirtschaftsrechnungen des *Statistischen Bundesamtes* (Fachserie 15)

Interpretation

Aus einer auf Basis der durchschnittlichen Einkaufsmenge durchgeführten ABC-Analyse lassen sich folgende, u. U. sich gegenseitig ausschließende **Konsequenzen** ableiten:

- Zukünftig noch stärkere Konzentration der Ressourcen und Aktivitäten auf die Intensivkäufer (A-Kunden)

- Gegebenenfalls Identifikation und Ausschöpfung bislang nicht genutzten Potenzials bei den Durchschnitts- und Extensivkäufern (B- und C-Kunden)

- Ansonsten erhebliches Zurückschrauben der Bemühungen um die Extensivkäufer (C-Kunden)

Maßnahmen zur Beeinflussung

Die Einkaufsmenge lässt sich in gewissen Grenzen durch die Gewährung von Mengenrabatten und/oder die Verpackungsgestaltung (größere Packungseinheiten) beeinflussen.

Wichtige **Faktoren**, welche die Einkaufsmenge beeinflussen, sind:

- Haushaltsgröße,

- für den Transport zur Verfügung stehende Verkehrsmittel,

- Dichte des Versorgungsnetzes sowie

- Verwendungsintensität,

Ansatzpunkte zur **Steigerung** der **Verwendungsintensität** sind:

- Einführung kalorienreduzierter Produkte

- Einführung alkoholfreier oder -reduzierter Getränke

- Aufzeigen neuer Anwendungsmöglichkeiten für ein Produkt (z. B. Aspirin nicht nur als Schmerzmittel, sondern als blutverdünnendes Medikament zur Herzinfarktprophylaxe) –

- Größere Verpackungseinheiten

- Erweiterung der Verwendungszeit (z. B. bei Eiscreme, die durch geschickte Marketingaktivitäten von einem Artikel, den Verbraucher lediglich in der warmen Jahreszeit konsumierten, zu einem Ganzjahresprodukt umpositioniert wurde)

- Stimulierung von Ersatzbedarf, d. h. Motivation des Kunden, ein Produkt zu erwerben, bevor es eigentlich notwendig wäre ⇒ Instrumente:

- Zeitlich begrenzte Sonderaktionen (Sondermodelle, -preise, -konditionen im Falle von Finanzierungen)

- Inzahlungnahme des noch gebrauchsfähigen alten Produktes bei Kauf eines neuen Produktes (z. B. bei Rasierapparaten, Pkws)

- Modische Veralterung eines Produkts

Grenzen

Bei der Betrachtung der Kaufintensität konzentriert man sich auf bereits vorhandene Kunden und lässt die Kundenakquisition außen vor. Dies kann insbesondere in jungen bzw. wachsenden Märkten fatale Folgen haben.

5.3.5 Preiselastizität der Nachfrage

$$= \frac{\text{Relative Nachfrageänderung}}{\text{Relative Preisänderung}}$$

Die relative Nachfrageänderung ist definiert als:

$$= \frac{\text{Neue Nachfragemenge} - \text{Alte Nachfragemenge}}{\text{Alte Nachfragemenge}} \times 100$$

Die relative Preisänderung ist definiert als:

$$= \frac{\text{Neuer Preis} - \text{Alter Preis}}{\text{Alter Preis}} \times 100$$

Die Preiselastizität der Nachfrage gibt darüber Auskunft, um wieviel Prozent der Absatz steigt, wenn der Preis um ein Prozent sinkt, bzw. umgekehrt, um wieviel Prozent der Absatz sinkt, wenn der Preis um ein Prozent steigt. Mit dieser Kennzahl lässt sich nachvollziehen, wie sich eine Preisänderung (= unabhängige Variable) auf die Nachfrage (= abhängige Variable) auswirkt.

Dabei unterscheidet man zwischen einem Preis- und einem Mengeneffekt. Unter dem Preiseffekt versteht man den Umsatz, der durch eine Preissenkung bzw. -erhöhung verloren bzw. hinzugewonnen wird. Unter Mengeneffekt versteht man den Umsatz, der durch die mehr bzw. weniger abgesetzte Menge hinzukommt bzw. abnimmt.

Bei der Preiselastizität unterscheidet man **drei Ausprägungen**:

- Preiselastizität kleiner als –1: Hierbei handelt es sich um eine elastische Nachfrage. Der Mengeneffekt übersteigt den Preiseffekt, d. h eine Preissenkung führt zu steigenden Erlösen, eine Preiserhöhung zu sinkenden Erlösen.

- Preiselastizität = –1: Diesen Zustand bezeichnet man als indifferente Nachfrage. Hier wird der maximale Erlös erzielt.

- Preiselastizität größer als –1: Hierbei handelt es sich um eine unelastische Nachfrage. Der Preiseffekt überkompensiert den Mengeneffekt, d. h. eine Preissenkung führt zu sinkenden Erlösen, eine Preiserhöhung zu steigenden Erlösen.

Beispiel

Ein Anbieter senkt die Preise für Produkt A von 12 auf 9 €. Dadurch steigt der Absatz von 10.000 auf 15.000 Stück.

Die Preiselastizität der Nachfrage beträgt –2 = ((15.000 Stück – 10.000 Stück) : (10.000 Stück) : ((9 € – 12 €) : 12 €) = 0,5 : (–0,25).

Es handelt sich also um eine elastische Nachfrage, d. h. der Mengeneffekt übersteigt den Preiseffekt. Die Preissenkung bewirkt, dass der Umsatz von 120.000 € (= 12 € x 10.000 Stück) auf 135.000 € (9 € x 15.000 Stück) steigt.

Quellen

Um die Preiselastizität der Nachfrage in der Praxis zu ermitteln, bieten sich **drei Ansatzpunkte**:

- Einschätzung der Experten (z. B. Wirtschaftswissenschaftler, erfahrene Mitarbeiter, Unternehmensberater)

- Befragung von Kunden: „Was wäre der höchste Preis, den Sie für Produkt X zu zahlen bereit sind?" und „Was wäre der niedrigste Preis, den Sie für Produkt X ausgeben würden, ohne Zweifel an dessen Qualität zu hegen?"

- Produkt-, Laden- und Markttests: Beispielsweise kann ein Unternehmen in einer seiner Filialen innerhalb von zwei Zeiträumen (z. B. für jeweils eine Woche) für ein und dasselbe Produkt zwei unterschiedliche Preise verlangen. Können Störgrößen (etwa Wetter, Preisaktionen der Wettbewerber) weitgehend ausgeschlossen werden, dann ist eine etwaige unterschiedliche Nachfrage auf die unterschiedlichen Preise zurückzuführen, so dass die Preiselastizität gemessen werden kann.

Die entsprechenden Daten erhalten Groß- und Einzelhandelsunternehmen aus den Abverkaufszahlen, die dem Warenwirtschaftssystem zu entnehmen sind. Schwieriger wird es für Hersteller, da diese keinen unmittelbaren Einblick in die Abverkaufszahlen des Handels haben. In diesem Fall muss man sich die Daten aus sog. **Handelspanels** (= Längsschnittuntersuchungen bei Handelsunternehmen) beschaffen. Solche Handelspanels werden beispielsweise von der *GfK-Gesellschaft für Konsumforschung Nürnberg* durchgeführt.

Maßnahmen zur Beeinflussung

Produkte, die eine unelastische Nachfrage aufweisen, zeichnen sich dadurch aus, dass Kunden Preiserhöhungen akzeptieren (müssen) und nicht zur Konkurrenz abwandern. Eine geringe Preissensibilität und damit eine unelastische Nachfrage können durch Kundenzufriedenheit sowie den Einsatz der **Instrumente** der **Kundenbindung** gewährleistet werden. Hierzu zählen u. a.:

- Technische Wechselbarrieren (Lock-in-Effekt durch Investition in „geschlossene" Technologien; *Oral-B*-Zahnbürste, Kaffee-Kapsel-Systeme, Nass-Rasierer)

- Ökonomische Wechselbarrieren (= Gewährung ökonomischer Anreize; Bonusprogramme: Sach- und Geldprämien mittels *Miles & More*, das Bonusprogramm der *Lufthansa*, oder *Payback*, das Bindungsinstrument von *Loyalty Partner*; Sammelpunkte; mengenabhängiges Pricing: mit höherer Kaufmenge sinkt der Preis pro Mengeneinheit, loyalitätsabhängiges Pricing: sinkende Preise mit zunehmender Dauer der Kundenbeziehung)

- Soziale Wechselbarrieren (Kundenclub: *Family-Club Ikea*, *Märklin*, *Pro Sieben*, *Swatch* oder *SWR 3*; Aufbau emotionaler Bindungen, Add-on-Services wie z. B. Probefahrten mit neuen Modellen)

- Juristische Wechselbarrieren (= rechtlich; festgelegte Vertragslaufzeiten; freiwillige Garantien [etwa 7-Jahres-Garantie von *Kia*, Mobilitätsgarantie von *Mercedes*, die daran gebunden sind, dass sämtliche Wartungs- und Reparaturarbeiten in unternehmenseigenen Werkstätten durchgeführt werden])

- Psychologische Wechselbarrieren (Befürchtungen bzw. Mühen, die mit einem Anbieterwechsel verbunden sind [Kontoverbindung Bank, Stromanbieter, Telefongesellschaften])

- Situative Wechselbarrieren (etwa Mangel an Alternativen, günstiger Standort, Bequemlichkeit Online-Handel)

Grenzen

Bei der Berechnung der Preiselastizität darf keinesfalls vernachlässigt werden, dass hier nur Erlös- und damit Umsatzveränderungen betrachtet werden. Demnach lässt sich aus der Einkommenselastizität kein Rückschluss auf die Gewinnveränderung ziehen. Beispielsweise kann durch eine Preissenkung zwar durchaus der Umsatz steigen, gleichzeitig führt aber die höhere Absatzmenge zu überproportionalen Kostensteigerungen (z. B. durch den Ausbau von Kapazitäten), was in Extremfällen einen Gewinnrückgang bewirken kann. Folglich lässt sich eine gewinnoptimale Lösung nur durch eine flankierende Einbeziehung der Kosten berechnen.

5.3.6   Out-of-Stock-Quote

(auch Fehlmengenquote; in %)

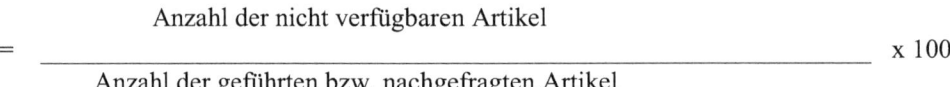

$$= \frac{\text{Anzahl der nicht verfügbaren Artikel}}{\text{Anzahl der geführten bzw. nachgefragten Artikel}} \times 100$$

Die Out-of-Stock-Quote gibt den Anteil der nicht verfügbaren Artikel an der Gesamtzahl der geführten bzw. nachgefragten Artikel an.

Beispiel

Ein Internetversender konnte von den im vergangenen Monat insgesamt bestellten 156.117 Artikeln 3.517 Artikel nicht innerhalb der zugesagten 3 Tage nach Bestellung zusenden. Die Out-of-Stock-Quote beträgt demnach 2,3 % (3.517 : 156.117 x 100).

Quellen

Je nachdem, auf welche Ursachen die Out-of-Stock-Situation zurückzuführen ist, bieten sich **drei Zugangsmöglichkeiten**:

*   Inventur bzw. visuelle Kontrolle der Regale

*   Warenwirtschaftssystem

*   Hinweise von Kunden

Interpretation

Die Kennzahl lässt Rückschlüsse auf die Qualität der Absatzplanung sowie der Logistik/ Warenwirtschaft zu. Außerdem ergeben sich Hinweise auf Umsatzverluste durch nicht befriedigte Nachfrage sowie Imageverluste.

Maßnahmen zur Beeinflussung

Um die Out-of-Stock-Quote bei fehlendem Bestand im Warenwirtschaftssystem zu reduzieren, gilt es folgende **Schwachstellen** auszuschalten:

- Verzögerungen in der Supply Chain bis zur Filiale

- Bestandsfehler im System

- Fehler bei der Bestellung

- Zu kleines Marktlayout für den gelisteten Artikel

- Artikel bewusst nicht bestellt

Bei fehlendem Bestand im Warenwirtschaftssystem bieten sich folgende **Ansatzpunkte**:

- Logistik: z. B. Verkürzung der Bestellrythmen und/oder Verringerung der Mindestbestellmengen, woraus geringere Wareneingänge resultieren, was wiederum eine direkte Verräumung der Ware in das Regal ermöglicht

- Personal: z. B. bessere Schulung, Verbesserung der Personaleinsatzplanung

- Lagerhaltung: Vermeidung einer unordentlichen Lagerhaltung, damit Ware überhaupt/ schneller gefunden werden kann

Grenzen

- Ist eine visuelle Kontrolle nicht möglich, werden Out-of-Stock-Situationen nur über das Warenwirtschaftssystem entdeckt.

- Out-of-Stocks aufgrund von Bestandsfehlern werden nur durch eine Inventur aufgedeckt.

- Wird eine Regallücke durch visuelle Kontrolle entdeckt, bedeutet das nicht unbedingt, dass der Kunde diese Produkte auch nachgefragt hätte, wenn sie vorhanden gewesen wären.

- Bei der Verringerung der Out-of-Stock-Quote gilt es immer die damit verbundenen Kosten ins Kalkül zu ziehen (etwa durch hohe Lagerbestände).

5.3.7   Up-Selling-Quote

(in %)

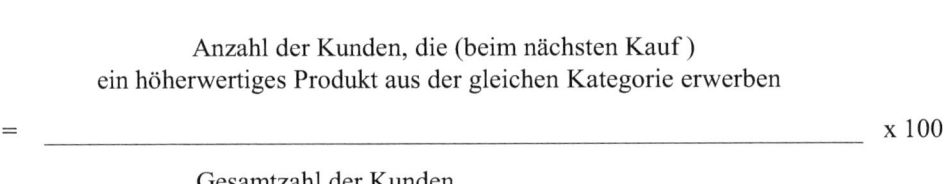

$$= \frac{\text{Anzahl der Kunden, die (beim nächsten Kauf)}}{\text{Gesamtzahl der Kunden}} \times 100$$

Upselling (auch Up-selling) bezeichnet im Vertrieb das Bestreben eines Anbieters, dem Kunden statt einer günstigen Variante (beim nächsten Kauf) ein höherwertiges Produkt oder eine höherwertige Dienstleistung anzubieten.

Dazu sollen dem Kunden durch plausible Argumente und insbesondere durch Produktvorführungen die Vorzüge der höheren Produkt- oder Dienstleistungskategorie nahegelegt werden, etwa größerer Nutzen, Komfort usw.

Dabei besteht aus Sicht des Verkäufers die Gefahr, dass dem Käufer durch Up-Selling die Lust am Kauf des Produktes vergeht, dass er also weder das teurere Produkt noch das Produkt kauft, das er ursprünglich in Betracht gezogen hatte. Ein zu extremes Up-Selling kann der Kunde auch als aufdringlich oder gar unsympathisch wahrnehmen.

Beispiele

Ein Kunde im Autohaus fährt bislang ein Mittelklassemodell und möchte nun ein neues Auto erwerben. Ihm wird eine Probefahrt angeboten – jedoch nicht in der Grund- oder Mittelklasseversion, sondern im stärker motorisierten und aufwändiger ausgestatteten Wagen mit Lederbezügen, Sound- und Navigationssystem. So kann der Kunde die Vorteile der „höherwertigen" Variante erleben. Wenn er die Extras später nicht möchte, muss er sich innerlich von den bereits erlebten Vorteilen lösen, sozusagen Verzicht üben. Während er dies überlegt, kalkuliert der Verkäufer die Finanzierung so, dass die zusätzlichen Kosten als gering erscheinen.

Ein Kunde, der bislang ein Fahrrad mit starrem Rahmen gefahren hat, interessiert sich im Sportgeschäft für ein neues Fahrrad mit starrem Rahmen. Der Verkäufer ermutigt zur Probefahrt auf einem Rad mit Vollfederung, um den Kunden von den Vorteilen eines komfortableren (, aber auch teureren) Fahrrads zu überzeugen.

5.4 Reduzierung der Kosten pro Periode

5.4.1 Garantiequote, umsatzabhängige

(in %)

$$= \frac{\text{Wert der Garantieleistungen}}{\text{Gesamtumsatz}} \times 100$$

Die Garantiequote setzt den Wert der erbrachten Garantieleistungen ins Verhältnis zum Gesamtumsatz und ist somit Ausweis der nachträglichen Umsatz- und damit Gewinnverluste, die durch Garantieverpflichtungen hervorgerufen werden.

Beispiel

Ein Unternehmen verbucht in einem Monat Umsätze in Höhe von 340.000 €. Gleichzeitig muss es Garantieleistungen im Wert von 6.800 € erbringen. Daraus ergibt sich eine Garantiequote von 2 % = (6.800 € : 340.000 €) x 100.

Quellen

Den Gesamtumsatz hält die Finanzbuchhaltung bereit. Dabei dürfen sämtliche Erlösschmälerungen wie Boni, Skonti oder nachträgliche Gutschriften nicht herausgerechnet werden. Einzig die Umsatzsteuer muss abgezogen werden.

Werden obige Erlösschmälerungen im Rahmen des Rechnungswesens automatisch vor der Verbuchung abgezogen, müssen sie dem Gesamtumsatz wieder hinzugerechnet werden.

Garantieleistungen sind solche Leistungen, die ein Unternehmen aufgrund rechtlicher Verpflichtungen erbringt. Dabei lassen sich **zwei Gründe** für **Garantien** unterscheiden:

- **Gesetzliche Gewährleistungen** gemäß §§ 459 – 493, 633 – 640 BGB

- **Freiwillige Gewährleistungen** durch eine verlängerte Garantie oder einen speziellen Garantievertrag mit dem Kunden. Freiwillige Garantien intensivieren den Kundenkontakt in der Nachkaufphase. So kann es Ziel freiwilliger Garantieleistungen sein, die Produkt- und Markentreue der Kunden durch großzügige Garantiezusagen zu sichern und damit eine langfristige Kundenbindung zu erzielen.

Wichtig für die richtige Ermittlung dieser Kennzahl ist, dass der Zusammenhang zwischen Umsatz und Garantieleistung gewährleistet wird. Das bedeutet, dass die Garantieleistungen mit denjenigen Umsatzvorgängen verglichen werden müssen, aus denen heraus die Garantieansprüche erwachsen sind. Aus diesem Grund kann die Garantiequote erst nach Ablauf der Garantiefrist gebildet werden.

Ist eine Zurechnung aufgrund des Rechnungswesens nicht exakt möglich, kann die Garantiequote nur ein näherungsweises Abbild der Wirklichkeit liefern, so dass es zu Fehlinterpretationen kommen kann.

Die Garantieleistungen sollten auf einem separaten Konto des Rechnungswesens erfasst werden, das auch den Zeitpunkt des Umsatzes und damit die Basisgröße für die Ermittlung der Garantiequote dokumentiert. Werden die Garantieleistungen gemeinsam mit anderen Gutschriften verbucht, müssen die nicht auf Garantien zurückzuführenden Gutschriften vor Bildung der Kennzahl herausgerechnet werden, da ansonsten die Gutschriftenquote gebildet würde.

Interpretation

Die Garantiequote zeigt dem Unternehmen, welchen Anteil des Umsatzes es infolge von Garantieleistungen wieder verliert.

Grundsätzlich ist vom Unternehmen eine niedrige Garantiequote anzustreben. Diese spricht für die Qualität der Unternehmensleistungen (Produkte, Service) und bietet die Chance einer hohen Kundenzufriedenheit.

Allerdings muss beachtet werden, dass auch freiwillige Garantieleistungen und damit eine hohe Garantiequote aktives Instrument im Kundenzufriedenheits- und Kundenbindungsmanagement sein können.

Insbesondere bei Erhöhungen der Garantiequote muss hinterfragt werden, welche Ursachen verantwortlich sind.

Die Garantiequote ist insbesondere interessant:

- im Zeitvergleich

- im Vergleich zu anderen Unternehmen (falls Daten bekannt)

- geordnet nach

  – Produktgruppen

  – Produkten

- Verkaufsgebieten und/oder

- Ursachen für die Gewährleistungen

- genaueren Ursachen für die Gewährleistungspflichten (gesetzlich oder freiwillig)

Maßnahmen zur Beeinflussung

Stellt sich bei der Ursachenanalyse heraus, dass die Anzahl der Garantiefälle und daher die Garantiequote gestiegen sind, gilt es, die Störanfälligkeit und/oder Funktionsunfähigkeit von Produkten wieder abzusenken. In diesem Fall muss der mangelhaften Produktqualität als Garantieursache durch Einführung eines aktiven Qualitätsmanagements entgegengewirkt werden.

5.4.2   Gutschriftenquote

(in %)

$$= \frac{\text{Wert der Gutschriften}}{\text{Gesamtumsatz}} \times 100$$

Die Gutschriftenquote setzt den Wert der an Kunden gegebenen Gutschriften ins Verhältnis zum Gesamtumsatz. Sie weist somit die nachträglichen Umsatzverluste aus, die auf Gutschriften zurückzuführen sind.

Beispiel

Ein Unternehmen verbucht in einem Jahr Umsätze in Höhe von 3.400.000 €. Gleichzeitig werden wegen verschiedener Ursachen Gutschriften an Kunden im Wert von 102.000 € ausgestellt. Das ergibt eine Gutschriftenquote von 3 % = (102.000 € : 3.400.000 €) x 100.

Quellen

- Den Gesamtumsatz hält die Finanzbuchhaltung bereit. Dabei dürfen sämtliche Erlösschmälerungen wie Boni, Skonti und eben Gutschriften nicht herausgerechnet werden. Einzig die Umsatzsteuer muss abgezogen werden.

- Werden obige Erlösschmälerungen im Rahmen des Rechnungswesens automatisch vor der Verbuchung abgezogen, müssen sie dem Gesamtumsatz wieder hinzugerechnet werden.

- Um einen direkten Zusammenhang herzustellen, müssen die Gutschriften mit den sie verursachenden Umsätzen (gegebenenfalls des Vor- bzw. Vorvormonats) in Beziehung gesetzt werden. Hierzu muss die Frage beantwortet werden, wie lange nach dem eigentlichen Geschäft eine Gutschrift normalerweise gewährt wird.

Interpretation

Gutschriften erhalten Kunden, die von einem Fehler des Unternehmens betroffen sind. Gutschriften sind demnach Leistungen, zu denen ein Unternehmen rechtlich verpflichtet ist. Hierzu zählen Geld- und/oder Sachleistungen aus folgenden **Gründen**:

- Garantieverpflichtungen

- Mängel an der Qualität der Produkte

- Fehlerhafte Lieferungen in Form von mangelhafter Lieferung, Fehlmengenlieferung, Überlieferung oder Nichteinhaltung des Liefertermins (bei vereinbarter Konditionalstrafe)

Grundsätzlich sollte eine niedrige Gutschriftenquote angestrebt werden. Sie spricht für die Qualität der Produkte sowie die Effizienz der Vertriebsorganisation und bietet die Chance, eine hohe Kundenzufriedenheit zu gewährleisten.

Die Kennzahl gewinnt an **Aussagekraft**:

- im Zeitvergleich

- im Vergleich zu anderen Unternehmen, falls entsprechende Daten zugänglich sind

- geordnet nach Produkten, Produktgruppen, Verkaufsgebieten und/oder Ursachen für die Gutschriften.

Maßnahmen zur Beeinflussung

Um die Gutschriftenquote zu senken, kann das Unternehmen **zwei Ansätze** verfolgen:

- Verbesserung des Versand- und Vertriebswesens, um die Zahl der fehlerhaften Lieferungen zu verringern

- Einführung eines Qualitätsmanagements, um mangelhafte Produktqualität als Gutschriftenursache zu reduzieren

Grenzen

Werden auch freiwillige Kulanzleistungen des Unternehmens auf dem Konto der Gutschriften geführt, kann eine hohe Gutschriftenquote durch eine besonders kundenfreundliche Kulanzpolitik bedingt sein. Deshalb empfiehlt es ich, die Kulanzzahlungen separat von den Gutschriften zu erfassen. Dadurch erhält man eine genauere und aussagefähigere Gutschriftenquote.

Zur Analyse der Kulanzleistungen sollte die Kulanzquote gebildet werden.

5.4.3   Kulanzquote

(in %)

$$= \frac{\text{Wert der Kulanzleistungen}}{\text{Gesamtumsatz}} \times 100$$

Die Kulanzquote setzt den Wert der Kunden gewährten Kulanzleistungen ins Verhältnis zum Gesamtumsatz. Diese Kennzahl weist damit die nachträglichen Umsatz- bzw. Gewinnverluste aus, die durch kulantes Verhalten verursacht wurden.

Beispiel

Ein Unternehmen verbucht in einem Jahr Umsätze in Höhe von 3.400.000 €. Gleichzeitig erbringt es gegenüber seinen Kunden Kulanzleistungen im Wert von 68.000 € aus. Daraus ergibt sich eine Kulanzquote von 2 % = (68.000 € : 3.400.000 €) x 100.

Quellen

Den Gesamtumsatz hält die Finanzbuchhaltung bereit. Dabei dürfen sämtliche Erlösschmälerungen wie Boni, Skonti oder nachträgliche Gutschriften nicht herausgerechnet werden. Einzig die Umsatzsteuer muss abgezogen werden.

Werden obige Erlösschmälerungen im Rahmen des Rechnungswesens automatisch vor der Verbuchung abgezogen, müssen sie dem Gesamtumsatz wieder hinzugerechnet werden.

Um einen direkten Zusammenhang herzustellen, ist es erforderlich, die Kulanzleistungen eines Monats mit den Umsätzen des Vormonats bzw. der Vorvormonate zu verknüpfen. Wie hier genau vorgegangen werden muss, ist davon abhängig, wie lange nach dem eigentlichen Geschäft eine Gutschrift erfahrungsgemäß gewährt wird.

Die Kulanzleistungen sollten auf einem separaten Konto des Rechnungswesens erfasst werden. Werden sie gemeinsam mit den Gutschriften verbucht, müssen die Gutschriften vor Bildung der Kennzahl herausgerechnet werden (vergleiche hierzu Gutschriftenquote).

Interpretation

Die Kulanzquote zeigt dem Unternehmen, welchen Anteil des Umsatzes in Folge von Kulanzleistungen wieder verloren geht.

Kulanzleistungen sind immer Leistungen, die das Unternehmen ohne jede rechtliche Verpflichtung erbringt. **Beispiele** hierfür sind:

- Rücknahme der Ware nach Ende der Garantiezeit und Erstattung des Kaufpreises

- Beteiligung an den oder ganze Übernahme der Kosten für eine Reparatur des Produkts nach Ende der Garantiezeit

- Aushändigung eines Warengutscheins, eines Präsents oder eines Geldbetrags, um den Kunden wieder zufrieden zu stellen

Gutschriften sind keine Kulanzleistungen (vergleiche hierzu → Gutschriftenquote).

Grundsätzlich ist vom Unternehmen eine niedrige Kulanzquote anzustreben, da diese für die Qualität der Unternehmensleistungen (Produkte, Service) spricht.

Insbesondere bei Veränderungen der Kulanzquote muss hinterfragt werden, welche Ursachen verantwortlich sind. In diesem Zusammenhang ist zu klären, ob sich beispielsweise die Beschwerden der Kundschaft gehäuft haben (→ Beschwerdequote), oder ob die Kunden im Rahmen eines Kundenbindungsprogramms durch Kulanzleistungen stärker an das Unternehmen gebunden werden sollen. Im letzteren Fall ist der Kundenwert in die Überlegungen miteinzubeziehen.

Die Kulanzquote ist insbesondere interessant:

- im Zeitvergleich

- im Vergleich zu anderen Unternehmen, falls entsprechende Daten zugänglich sind

- geordnet nach Produkten, Produktgruppen, Verkaufsgebieten und/oder Ursachen für die Kulanzleistungen.

Maßnahmen zur Beeinflussung

Ist die Kulanzquote dadurch gestiegen, dass sich die Anzahl der aus Kundenbeschwerden resultierenden Kulanzanträge erhöht hat, gilt es die Beschwerdeursachen zu beheben. Dies kann beispielsweise geschehen durch:

- Einführung eines Qualitätsmanagements, um mangelhafte Produktqualität als Kulanzursache auszuschalten

- Verbesserung des Versand- und Vertriebswesens

Grenzen

Eine hohe bzw. gestiegene Kulanzquote muss nicht in allen Fällen als negativ eingestuft werden. So können Kulanzleistungen ein Instrument im Zuge des Managements von Kundenzufriedenheit und Kundenbindung (Wiederkäuferrate) sein. Beispielsweise ist bekannt, dass manche Automobilhersteller die Zufriedenheit ihrer Kunden zu steigern versuchen, indem sie sich bei Schäden, die nach Ende der Garantiezeit auftreten, besonders kulant zeigen.

5.4.4   Rabattkundenquote

(in %)

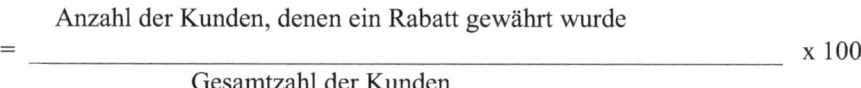

$$= \frac{\text{Anzahl der Kunden, denen ein Rabatt gewährt wurde}}{\text{Gesamtzahl der Kunden}} \times 100$$

Die Rabattkundenquote sagt aus, wie häufig der Rabatt als Mittel zur Preisdifferenzierung eingesetzt wird. Diese Kennzahl gewinnt vor dem Hintergrund des Wegfalls von Rabattgesetz und Zugabeverordnung immens an Bedeutung.

Beispiel

Ein Unternehmen verkauft seine Produkte in einem Monat an 2.000 Kunden. Dabei wird 1.200 Kunden ein Rabatt gewährt. Die Rabattkundenquote beträgt demnach 60 % = (1.200 Kunden : 2.000 Kunden) x 100.

Quelle

Die Gesamtkundenzahl sowie die Zahl der Kunden, denen ein Rabatt eingeräumt wurde, hält das (eventuell entsprechend eingerichtete) Vertriebswesen bereit.

Interpretation

Ein hoher Kennzahlenwert weist darauf hin, dass die Verkaufsmitarbeiter bei einem erheblichen Teil der Kunden Rabatte einsetzen (müssen). Das kann auf folgende **Gefahren** hinweisen:

* Unrealistisch hohe Listenpreise mit entsprechend negativer Außenwirkung,

* Absatz des Produktes durch Preisnachlass, um die mangelnde Konkurrenzfähigkeit (Qualitätsmängel, veralteter technischer Standard, Imageprobleme) zu überdecken,

* Planungsschwierigkeiten und -abweichungen aufgrund nicht vorausberechneter Rabatte,

* Gewöhnungseffekt bei den Kunden bezüglich der Rabattgewährung und/oder

* verschärfter Preisdruck auf den Märkten.

Diese Kennzahl ist besonders aussagekräftig im Vergleich zwischen:

* Perioden,

* Produkten und/oder

* Verkaufsmitarbeitern.

Maßnahmen zur Beeinflussung

Bei steigender Rabattkundenquote gibt es mehrere **Sachverhalte**, die es zu überprüfen gilt:

* Auswirkungen der hohen Rabattkundenquote auf die Rentabilität des Unternehmens

* Entwicklung der Rabattkundenquote im Zeitablauf

* Vergleich der Rabattkundenquoten zwischen verschiedenen Mitarbeitern und/oder Produkten

* Anteil der neu gewonnenen Kunden durch Gewährung von Rabatten

* Rabattgewährung als Reaktion auf verschärften Preiskampf

* Schulung der Verkaufsmitarbeiter (Verkaufstraining), um Verkauf über den Preis zu verringern

* Variable Entlohnungskomponente für die Verkaufsmitarbeiter in Abhängigkeit von den nicht gewährten Rabatten (etwa anhand des Rohertrags)

- Gewährung von Niedrigstpreisgarantien, um der Rabattforderung des Kunden argumentativ begegnen zu können

Grenzen

Die Rabattkundenquote kann nur als erster Anhaltspunkt dienen, da sie nichts über die Höhe der gewährten Rabatte und damit über die Konsequenzen für die Rentabilität aussagt.

Einer weitergehenden Analyse dienen Rabattquote, Umsatz, Marktanteil sowie weitere Rentabilitätskennzahlen wie z. B. Deckungsbeitrag, Gewinn und Return on Investment (RoI).

5.4.5   Rabattquote

(in %)

$$= \frac{\text{Summe der gewährten Rabatte}}{\text{Bruttoumsatzerlöse}} \times 100$$

Die Kennzahl stellt dar, wie hoch der Anteil des Gesamt-Rabattwerts am Bruttoumsatz ist. Damit gibt die Rabattquote den Durchschnittsrabatt an, der den Kunden gewährt wurde.

Beispiel Ein Unternehmen erzielt in einem Monat Umsatzerlöse von 80.000 €. Dabei wurden insgesamt Rabatte von 4.000 € gewährt. Die Rabattquote beträgt demnach 5 % = (4.000 € : 80.000 €) x 100.

Quellen

Die Summe aller gewährten Rabatte hält die Finanzbuchhaltung bereit. Dabei gilt es zu beachten, dass Boni und Skonti keine Rabatte sind.

Zur eingehenden Analyse können die Rabatte auch je Produkt, Kunde, Verkaufsmitarbeiter und/oder nach Rabattart (Mengen-, Treue-, Großhandelsrabatt o. ä.) erfasst werden.

Den Bruttoumsatz, der vor der Gewährung vor Rabatten berechnet wird, ermittelt die Finanzbuchhaltung.

Interpretation

Eine hohe Rabattquote kann aus mehreren **Gründen problematisch** sein:

- Das Unternehmen schafft es nur durch die Gewährung von hohen Rabatten, seine Produkte am Markt zu verkaufen.

- Die Listenpreise sind unrealistisch hoch angesetzt und können am Markt nicht erzielt werden.

- Bei der Unternehmensplanung führen nicht eingeplante Rabatte zu negativen Planabweichungen beim Umsatz.

Die Rabattquote ist besonders aussagekräftig im Vergleich zwischen verschiedenen

- Zeitperioden,

- Produkten,

- Verkaufsmitarbeitern,

- Kunden und/oder

- Rabattarten (Mengen-, Treue-, Großhandelsrabatt o. ä.)

Die Kennzahl kann auch interpretiert werden als:

- Mittlerer Rabatt

- Durchschnittsrabatt.

Somit sind auch Abweichungen der Rabattquote je Verkaufsmitarbeiter, Produkt oder Kunde vom durchschnittlichen Rabatt aussagekräftig.

Maßnahmen zur Beeinflussung

Die Rabattquote hat durch Wegfall von Rabattgesetz und Zugabeverordnung deutlich an Stellenwert gewonnen.

Bei steigender Rabattquote gilt es mehrere **Aspekte** zu prüfen:

- Auswirkungen der hohen Rabatte auf die Rentabilität des Unternehmens

- Verteilung der Rabatte auf bestimmte Mitarbeiter, Kunden und/oder Produkte

- Gewinnung neuer Kunden durch Gewährung von hohen Rabatten

- Rabattgewährung als Reaktion auf verschärften Preiskampf

- Schulung der Verkaufsmitarbeiter (Verkaufstraining), um Verkauf über den Rabatt zu verringern

- Entlohnung der Verkaufsmitarbeiter in Abhängigkeit von den nicht gewährten Rabatten (etwa anhand des Rohertrags)

- Richtlinien zur Höhe der Rabattgewährung (Höchstrabatt, Rabattrahmen)

- Gewährung von Niedrigstpreisgarantien, um der Rabattforderung des Kunden argumentativ begegnen zu können

Grenzen

Die Rabattquote allein lässt noch keinen endgültigen Schluss auf die Veränderungen des Erfolgs eines Unternehmens zu. Einer weitergehenden Analyse dienen Umsatz, Marktanteil sowie Rentabilitätskennzahlen wie Gewinn, Deckungsbeitrag und Return on Investment (RoI).

5.4.6   Retourenquote

(in %)

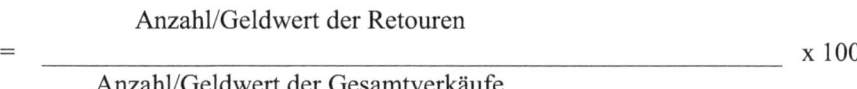

$$= \frac{\text{Anzahl/Geldwert der Retouren}}{\text{Anzahl/Geldwert der Gesamtverkäufe}} \times 100$$

Die Retourenquote gibt das Verhältnis zwischen retournierter bzw. verweigerter Ware und insgesamt verkaufter Ware. Die Retourenquote lässt sich sowohl monetär (in Geldeinheiten) als auch mengenmäßig (in Stück) berechnen.

Im Direkt-Marketing bezeichnet die Retourenquote den Anteil nicht zustellbarer Sendungen bei einem Mailing.

Beispiel

Ein Textilversender verzeichnet im Untersuchungszeitraum einen Gesamtabsatz von 300.000 Artikeln. Hiervon senden die Kunden 90.000 Artikel zurück. Demnach beläuft sich die Retourenquote auf 30 % (90.000 : 300.000 x 100)

Quelle

Die erforderlichen Daten hält die Versand- bzw. Vertriebsabteilung vor.

Interpretation

Die Retourenquote sollte möglichst gering gehalten werden, da die Wiedervereinnahmung der Produkte sehr kostspielig ist. Kosten entstehen z. B. bei der Sortierung und Kontrolle der retournierten Ware, der neuerlichen Einlagerung, der Überarbeitung der Ware sowie der Verwaltung der Gutschriften.

Weitere Kosten können durch die Übernahme der Rücksendungskosten entstehen.

Da die Retourenquote je nach Betriebstyp und/oder Branche erheblich differieren kann, bieten sich neben Längsschnittuntersuchungen (im Zeitablauf) Betriebsvergleiche an.

Maßnahmen zur Beeinflussung

Sicherstellung der Produkt- und Versandqualität, um objektiv fehlerhafte bzw. beschädigte Produkte (Reklamationen) zu vermeiden

Realistische Präsentation der Produkte im Katalog/Internet, um Fehleinschätzungen durch den Kunden zu vermeiden

Monetäre Anreize (Rabatte, Boni) für Kunden, die eine geringe Retourenquote aufweisen

Anleitungen für den Kunden, die richtige Kleider/Schuhgröße im Vorfeld der Bestellung zu ermitteln. So schreibt z. B. der Versender *Lands´ End* in seinem Katalog: „Die richtige Größe zu finden ist wirklich easy. Damit Ihnen Ihre *Lands´ End*-Bekleidung richtig gut passt und Sie keine Zeit für unnötige Umtausche verlieren, haben wir unsere Kundenberater/innen gründlich geschult. Gemeinsam mit Ihnen finden sie ganz sicher Ihre Bestellgröße."

Begrenzung der pro Lieferung versendeten gleichen Artikel in unterschiedlichen Größen

Grenzen

Die Kennzahl liefert keine Details über die Ursachen für Retouren. Deshalb sollten flankierend die Gründe für Retouren erhoben und analysiert werden.

Geringe Retourenquoten sind nicht unbedingt ein Gradmesser für Kundenzufriedenheit bzw. -loyalität.

Versandhandelskunden fehlt z. B. bei Textilien und Schuhen die gewünschte Haptik. Deshalb bestellen sie häufig mehrere Produkte und/oder Größen, um sich zu Hause ohne Zeitdruck entscheiden zu können. Vor diesem Hintergrund müssen Versender eine gewisse Retourenquote akzeptieren.

5.4.7   Rückgabequote

(in %)

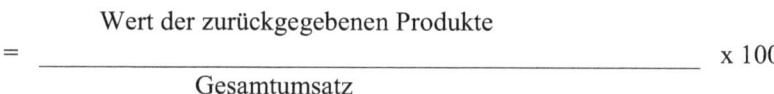

$$= \frac{\text{Wert der zurückgegebenen Produkte}}{\text{Gesamtumsatz}} \times 100$$

Die Rückgabequote setzt den Wert der von Kunden wieder zurückgegebenen Produkte ins Verhältnis zum Gesamtumsatz und ist somit Ausweis der nachträglichen Umsatz- und damit Gewinnverluste, die nach dem Kauf noch entstanden sind.

Beispiel

Ein Unternehmen verbucht in einem Monat Umsätze in Höhe von 340.000 €. Gleichzeitig tauschen Kunden aus verschiedenen Gründen Waren im Wert von 6.800 € wieder gegen Geld um. Daraus ergibt sich eine Rückgabequote von 2 % = 6.800 € : 340.000 €) x 100.

Quelle

Den Gesamtumsatz hält die Finanzbuchhaltung bereit. Dabei dürfen sämtliche Erlösschmälerungen wie Boni, Skonti oder nachträgliche Gutschriften nicht herausgerechnet werden. Einzig die Umsatzsteuer muss abgezogen werden.

Werden obige Erlösschmälerungen im Rahmen des Rechnungswesens automatisch vor der Verbuchung abgezogen, müssen sie dem Gesamtumsatz wieder hinzugerechnet werden.

Um einen kausalen Zusammenhang zwischen den Umsatzvorgängen und den Rückgabewerten herzustellen, kann es empfehlenswert sein, die Umtauschleistungen eines Monats mit den Umsätzen des Vor- oder Vorvormonats zu vergleichen, je nachdem wie lange nach dem eigentlichen Geschäft eine Rückgabe erfahrungsgemäß durchgeführt wird.

Interpretation

Die Rückgabequote zeigt dem Unternehmen, welchen Anteil des Umsatzes es wieder in Folge von Rückgaben verliert.

Viele Unternehmen bieten ihren Kunden heute ein uneingeschränkte Geld-zurück-Garantie, d. h. die Kunden können erworbene Waren innerhalb einer bestimmten Frist ohne Angabe von Gründen wieder umtauschen und erhalten ihr Geld zurück.

Grundsätzlich sollte eine niedrige Rückgabequote Ziel eines Unternehmens sein. Sie spricht für die Qualität der Produkte sowie die Effizienz der Vertriebsorganisation und bietet die Chance einer hohen Zufriedenheit auf Seiten der Kunden.

Die Kennzahl ist insbesondere interessant:

- im Zeitvergleich

- im Vergleich zu anderen Unternehmen (falls Daten bekannt)

- geordnet nach Produktgruppen, Produkten, Verkaufsgebieten oder Ursachen für den Umtausch

Maßnahmen zur Beeinflussung

Um die Rückgabequote zu senken, kann das Unternehmen **zwei Ansätze** verfolgen:

- Marktforschung zur exakten Ermittlung der Kundenwünsche, um diese mit geeigneten Produkten besser befriedigen zu können.

- Einführung eines Qualitätsmanagements, um mangelhafte Produktqualität als Umtauschursache zu verringern

5.5 Transfer der Beziehungspotenziale

5.5.1 Net Promoter Score (NPS)

(in %)

= Promotoren (in % aller Befragten) − Detraktoren (in % aller Befragten)

Der Net Promoter Score bildet die Differenz zwischen Promotoren und Detraktoren des betreffenden Unternehmens. Der Anteil der Promotoren und Detraktoren wird ermittelt, indem einer repräsentativen Gruppe von Kunden die Frage gestellt wird: „Wie wahrscheinlich ist es, dass Sie Unternehmen/Marke X einem Freund oder Kollegen weiterempfehlen werden?" Gemessen werden die Antworten auf einer Skala, die von 0 (unwahrscheinlich) bis 10 (äußerst wahrscheinlich) reicht. Der Wertebereich des NPS liegt damit zwischen plus 100 % (= alle Kunden sind Promotoren) und minus 100 % (= alle Kunden sind Detraktoren).

Als Promotoren gelten die Kunden, die mit 9 oder 10 antworten. Als Detraktoren werden jene eingestuft, die mit 0 bis 6 antworten. Kunden, die mit 7 oder 8 antworten, gelten als „Indifferente".

Interpretation

Die Methode wurde von *Satmetrix Systems, Inc., Bain & Company* und *Fred Reichheld* entwickelt. Der Net Promoter Score (NPS) bzw. Promotorenüberhang ist eine Kennzahl, die mit dem Unternehmenserfolg (in bestimmten Branchen) positiv korreliert. Kundenzufriedenheitsstudien aus dem Automobilbereich (diese Branche betreibt schon seit langer Zeit intensive und regelmäßige Kundenbefragungen) haben gezeigt, dass die Weiterempfehlungsquote und die Umsatzentwicklung eines Unternehmens einen Zusammenhang aufzeigen. Des Weiteren konnte Reichheld den positiven Zusammenhang zwischen NPS und Unternehmenswachstum für über 30 Branchen empirisch belegen und entsprechende Benchmark-Werte ermitteln.

Der Vorteil des NPS liegt in seiner Einfachheit.

Während der Umfrage identifizierte Kritiker (Detraktoren) können kontaktiert und die Ursachen für ihre schlechte Bewertung beseitigt werden.

Promotoren stehen dem Unternehmen positiv gegenüber Unternehmen und können für das Unternehmen hilfreich sein (als Prosumer durch Einbindung in den Produktentwicklungsprozess, Als Mitglieder von Kundenbeiräten, als Influencer im Zuge des viralen Marketing) einbezogen werden können etc.

Maßnahmen zur Beeinflussung

Um die NPS zu erhöhen, kann das Unternehmen **drei Ansätze** verfolgen:

- Steigerung der Kundenzufriedenheit

- Optimierung des Beschwerdemanagement

- (Monetäre) Anreize für Kunden, das Unternehmen weiterzuempfehlen (Etwa „Kunden-werben-Kunden"-Aktionen)

Grenzen

In Replikationsstudien konnten keine bedeutsamen Zusammenhänge zwischen NPS und Unternehmenswachstum festgestellt werden. Zudem wird dort berichtet, dass auch die Zusammenhänge zwischen NP-Score und tatsächlichem Kundenverhalten (finanzielles Volumen der getätigten Käufe) schwächer ausfallen als bei anderen Maßen der Kundenbindung.

Die Einteilung der Skala in Detraktoren und Promotoren erscheint recht willkürlich.

5.5.2   Weiterempfehlungsquote

(auch Recommendation Rate; in %)

$$= \frac{\text{Anzahl der Kunden, die ein Unternehmen proaktiv weiterempfehlen}}{\text{Gesamtzahl der Kunden}} \times 100$$

Maßnahmen zur Beeinflussung

Um die NPS zu erhöhen, kann das Unternehmen **drei Ansätze** verfolgen:

• Steigerung der Kundenzufriedenheit

• Optimierung des Beschwerdemanagement

• (Monetäre) Anreize für Kunden, das Unternehmen weiterzuempfehlen (Etwa „Kunden-werben-Kunden"-Aktionen)

6 Schlussfolgerungen

Wer nach Möglichkeiten sucht, den Wert seiner Kunden zu steigern, sollte sich immer wieder den **Kundenbeziehungslebenszyklus** vor Augen führen. Dieser beschreibt in idealtypischer Weise Gesetzmäßigkeiten im Verlauf der Kundenbeziehung und bildet die Grundlage für das Wachstumsmanagement. Für Unternehmen bieten sich folgende **Ansatzpunkte**:

- **Kundenakquisition** (= 1. Phase): Initiierung der Beziehung zwischen Anbieter und Nachfrager.

- **Kundenbindung** (= 2. Phase): Die Beziehung wird – im Falle einer positiven Entwicklung – intensiviert.

- **Kundenrückgewinnung** (= 3. Phase): Das Unternehmen versucht zu verhindern, dass rentable Kunden ihre Beziehung zum Unternehmen endgültig beenden.

Unabhängig davon, welche der vorgestellten Instrumente eingesetzt werden, lassen sich aus den Befunden der Kundenwertanalyse **drei zentrale Konsequenzen** ziehen:

- Kunden mit einem hohen Kundenwert sollten systematisch an das Unternehmen gebunden werden. Dies erfordert eine Erhöhung der **Kundenzufriedenheit** und/oder den Aufbau von **Wechselbarrieren**.

- Um die Kundensegmente mit durchschnittlichem Kundenwert in Top-Kunden zu wandeln, bieten sich diverse Instrumente an. Hier zählen eine gemeinsam mit dem Kunden durchgeführte Bedarfsanalyse, Product-Bundling (= Bündelung von Leistungsangeboten zu Paketen, die zu einem günstigeren Gesamtpreis angeboten werden als die Summe der Preise der Einzelkomponenten), Members-get-Members-Programme, eine kulante Beschwerdebearbeitung und nicht zuletzt Incentives im Falle der Teilnahme an Kundenfokusgruppen.

- Die Geschäftsbeziehungen zu den restlichen, sprich unattraktiven Kunden sollten nach weitergehenden Analysen reduziert, delegiert (z. B. an den Verkaufsinnendienst) oder im Extremfall ganz eingestellt werden.

7   Literatur- und Quellenverzeichnis

Enthält auch zahlreiche themenrelevante Quellen, die nicht zitiert werden, aber zur weiteren Recherche herangezogen werden können.

Adam, R./Herrmann, A./Huber, F./Wricke, M.: Kundenzufriedenheit und Preisbereitschaft: Empirische Erkenntnisse aus der Hotelbranche, in: Zeitschrift für betriebswirtschaftliche Forschung, 54. Jg. (2002), S. 762 – 778.

Allard, C.: Customer Service, in: The Journal of TelePerformance, (1999), No. 1, pp. 30 – 32.

Anderson, E. W./Sullivan, M.: The Antecedents and Consequences of Customer Satisfaction for Firms, in: Marketing Science, Vol. 12 (1993), No. 2, pp. 125 – 143.

Andreasen, A.: Consumer Responses to Dissatisfaction in Loose Monopolies, in: Journal of Consumer Research, Vol. 12 (1985), Sept., pp. 135 – 141.

Bager, J./Becker, J./Munz, R.: Data Warehouse: Zentrale Sammelstelle für Information, in: c´t, (1997), Nr. 3, S. 284.

Berry, L. L.: Relationship Marketing, in: *Berry, L. L./Shostack, G. L./Upah, G. D.* (Eds.): Emerging Perspectives on Services Marketing, Chicago 1983, pp. 25 – 28.

Berry, L.: Relationship Marketing of Services: Growing Interest, Emerging Perspectives, in: Journal of the Academy of Marketing Science, Vol. 23 (1995), pp. 236 – 245.

Bruhn M.: Kundenorientierung. Bausteine für ein exzellentes Customer Relationship Management, 2. Aufl., Wiesbaden 2007.

Bruhn, M./Homburg, C. (Hrsg.): Handbuch Kundenbindungsmanagement: Strategien und Instrumente für ein erfolgreiches CRM, 5. Aufl., Wiesbaden 2005.

Bruhn, M./Michalski, S.: Rückgewinnungsmanagement – eine explorative Studie zum Stand des Rückgewinnungsmanagement bei Banken und Versicherungen, in: Die Unternehmung, 55. Jg. (2001), Nr. 1, S. 111 – 125.

Bruhn, M.: Relationship Marketing. Das Management von Kundenbeziehungen, München 2001.

Burmann, Ch.: „Customer Equity" als Steuerungsgröße für die Unternehmensführung, in: ZfB – Zeitschrift für Betriebswirtschaft, 73. Jg. (2003), Nr. 2, S. 113 – 138.

Buser, T./Lennertz, T./Siegrist, A.: My Guide to „Customer relationship management": Kundenbeziehungen erfolgreicher leben, Zürich 2000.

Buttle, F.: Customer Relationship Management: Concepts and Tools, Amsterdam et al. 2005.

Christopher, M./Payne, A./Ballantyne, D.: Relationship Marketing: Bringing Quality, Customer Service and Marketing Together, Repr., Oxford u. a. 1998.

Clausen, N.: OLAP – Multidimensionale Datenbanken, Bonn 1998.

Cronin, J./Brady, M./Hult, G.: Assessing the Effects of Quality, Value, and Customer Satisfaction on Consumer Behavioral Intentions in Service Environments, in: Journal of Retailing, Vol. 76 (2000), No. 2, pp. 193 – 218.

Dichtl, E./Schneider, W.: Kundenzufriedenheit im Zeitalter des Beziehungsmanagement, in: *Belz, Ch./Schögel, M./Kramer, M.* (Hrsg.): Lean Management und Lean Marketing, St. Gallen 1994, S. 6 – 12.

Diller, H./Müllner, M.: Kundenbindungsmanagement, in: *Meyer, A.* (Hrsg.): Handbuch Dienstleistungs-Marketing, Band 2, Stuttgart 1998, S. 1219 – 1240.

Diller, H.: Beziehungsmanagement, in: *Tietz, B./Köhler, R./Zentes, J.* (Hrsg.): Handwörterbuch des Marketing, 2. Aufl., Stuttgart, 1995, Sp. 285 – 300.

Dipak, J./Singh, S. S.: Customer Lifetime Value Research in Marketing: A Review and Future Directions, in: Journal of Interactive Marketing, Vol. 16 (2002), No. 2, pp. 34 – 46.

Fischer, M.: Produktlebenszyklus, Lebenszyklus, in: *Diller, H.* (Hrsg.): Vahlens Großes Marketinglexikon, 2. Aufl., München 2001, S. 1407 – 1409.

Gawlik, T./Kellner, J./Seifert, D.: Effiziente Kundenbindung mit CRM, Bonn 2002.

Gehrke, G.: Kundenbindungsstrategien industrieller Zulieferer: Eine empirische Studie in der Automobilzulieferindustrie, Herzogenrath 2003.

Georgi, D.: Entwicklung von Kundenbeziehungen: Theoretische und empirische Analysen unter dynamischen Aspekten, Wiesbaden 2001.

Giering, A.: Der Zusammenhang zwischen Kundenzufriedenheit und Kundenloyalität: Eine Untersuchung moderierender Effekte, Wiesbaden 2000.

Grant, A./Schlesinger, L.: Realize Your Customers Full Profit Potential, in: Harvard Business Review, Vol. 73 (1995), No. 5, pp. 59 – 72.

Grönroos, C.: Quo Vadis, Marketing? Toward a Relationship Marketing Paradigm, in: Journal of Marketing Management, 10. Jg. (1994), Nr. 5, S. 347 – 360.

Grönroos, C.: Relationship Marketing: Challenges for the Organization, in: Journal of Business Research, 46. Jg. (1999), S. 327 – 335.

Grönroos, C.: Service Management and Marketing: A Customer Relationship Management Approach, 2nd Ed., Chichester/West Sussex 2005.

Grönroos, C.: Service Management and Marketing: Managing Moments of Truth in Service Competition, Lexington 1990.

Grönroos, Ch.: Service Marketing and Management, Chichester u. a. 2000.

Günter, B./Helm, S.: Kundenwert: Grundlagen, innovative Konzepte, praktische Umsetzungen, 2. Aufl., Wiesbaden 2003.

Günter, B.: Beschwerdemanagement, in: *Simon, H./Homburg, C.* (Hrsg.): Kundenzufriedenheit: Konzepte – Methoden – Erfahrungen, Wiesbaden 1995, S. 275 – 291.

Haller, S.: Beurteilung von Dienstleistungsqualität: dynamische Betrachtung des Qualitätsurteils im Weiterbildungsbereich, 2. Aufl., Wiesbaden 1998.

Haller, S.: Methoden zur Beurteilung von Dienstleistungsqualität – Überblick zum State of the Art –, in: zfbf – Zeitschrift für betriebswirtschaftliche Forschung, 45. Jg. (1993), S. 19 – 40.

Hansen, U., Schoenheit, J. (Hrsg.) (1987): Verbraucherzufriedenheit und Beschwerdeverhalten, Frankfurt/Main - New York 1987.

Hansen, U./Jeschke, K.: Beschwerdemanagement für Dienstleistungsunternehmen: Beispiel des Kfz-Handels, in: *Bruhn, M./Stauss, B.* (Hrsg.): Dienstleistungsqualität, Konzepte, Methoden, Erfahrungen, Wiesbaden 1991a, S. 199 – 223.

Hansen, U./Jeschke, K.: Die Beschwerdepolitik des Kfz-Handels, in: Thexis, 8. Jg. (1991b), Nr. 2, S. 41 – 46.

Hansen, U./Schoenheit, J. (Hrsg.): Verbraucherzufriedenheit und Beschwerdeverhalten, Frankfurt/Main – New York 1987.

Happel, B.: Strategien zur Integration des Customer Care Centers in die Unternehmensstruktur: Geeignete Unternehmensmodelle, in: *Bullinger, H.-J./Bamberger, R./König, A.* (Hrsg.): Customer Care Center professionell managen, Wiesbaden 2003, S. 33 – 41.

Hartmann, W./Kreutzer, R. T./Kuhfuß, H.: Kundenclubs & More, Wiesbaden 2004.

Helber, S./Stolletz, R.: Call-Center-Management in der Praxis: Strukturen und Prozesse betriebswirtschaftlich optimieren, Berlin u. a. 2004.

Helm, S./Günter, B.: Kundenwert – eine Einführung in die theoretischen und praktischen Herausforderungen der Bewertung von Kundenbeziehungen, in: *Günter, B./Helm, S.* (Hrsg.): Kundenwert, 2. Aufl., Wiesbaden (2003), S. 3 – 38.

Helmke, S.: Effektives Customer Relationship Management. Instrumente – Einführungskonzepte – Organisation, Wiesbaden 2001.

Hempelmann, B./Lürwer, M.: Der „Customer Lifetime Value"-Ansatz zur Bestimmung des Kundenwertes, in: Das Wirtschaftsstudium, 32. Jg. (2003), Nr. 3, S. 336 – 341.

Herrmann, A./Huber, F./Braunstein, C.: Kundenzufriedenheit garantiert nicht immer mehr Gewinn, in: Harvard Business Manager, 22. Jg. (2000), Nr. 1, S. 45 – 55.

Herrmann, A./Seilheimer, Ch.: Erklärungsansätze zur Dynamik des Vergleichsmaßstabs im Rahmen des Lücken-Modells der Kundenzufriedenheit, in: WiSt – Wirtschaftswissenschaftliches Studium, 29. Jg. (2000), Nr. 1, S. 14 – 20.

Hinterhuber, H. (Hrsg.): Kundenorientierte Unternehmensführung: Kundenorientierung, Kundenzufriedenheit, Kundenbindung, 4. Aufl., Wiesbaden 2004.

Hinterhuber, H. H./Handlbauer, G./Matzler, K.: Kundenzufriedenheit durch Kernkompetenzen: Eigene Potentiale erkennen, entwickeln, umsetzen, München u. a. 1997.

Hippner, H./Wilde, K. D. (Hrsg.): Grundlagen des CRM: Konzepte und Gestaltung, 2. Aufl., Wiesbaden 2006.

Hippner, H./Wilde, K.D.: Märkte im Wandel – Von der Marktforschung zum Wissensmanagement, in: *Hippner, H./Küsters, U./Meyer, M./Wilde, K.D.* (Hrsg.): Handbuch Data Mining im Marketing, Wiesbaden 2001, S. 973 – 1000.

Hippner, H.: CRM – Grundlagen, Ziel und Konzepte, in: *Hippner, H./Wilde, K. D.* (Hrsg.): Grundlagen des CRM, Wiesbaden 2006, S. 15 – 44.

Hippner, H.: Die (R)Evolution des Customer Relationship Management, in: Marketing·ZFP, 27. Jg. (2005), Nr. 2, S. 115 – 134.

Hirschman, A. O.: Abwanderung und Widerspruch, Tübingen 1974.

Hofmann, M./Mertiens, M. (Hrsg.): Customer-Lifetime-Value-Management, Wiesbaden 2000.

Homburg, C. (Hrsg.): Kundenzufriedenheit: Konzepte, Methoden, Erfahrungen, 6. Aufl., Wiesbaden 2006.

Homburg, C./Bruhn, M.: Kundenbindungsmanagement – Eine Einführung in die theoretischen und praktischen Problemstellungen, in: *Bruhn, M./Homburg, C.* (Hrsg.): Handbuch Kundenbindungsmanagement, 5. Aufl., Wiesbaden 2005, S. 3 – 37.

Homburg, C./Faßnacht, M.: Kundennähe, Kundenzufriedenheit und Kundenbindung bei Dienstleistungsunternehmen, in: *Bruhn/M./Meffert, H.* (Hrsg.): Handbuch Dienstleistungsmanagement: Von der strategischen Konzeption zur praktischen Umsetzung, Wiesbaden 1998, S. 405 – 428.

Homburg, C./Giering, A./Hentschel, F.: Der Zusammenhang zwischen Kundenzufriedenheit und Kundenbindung, in: *Bruhn, M./Homburg, C.* (Hrsg.): Handbuch Kundenbindungsmanagement: Grundlagen, Konzepte, Erfahrungen, Wiesbaden 1998, S. 81 – 112.

Homburg, C./Jensen, O.: Kundenorientierte Vergütungssysteme, Voraussetzungen, Verbreitung, Determinanten, in: ZfB – Zeitschrift für Betriebswirtschaft, 70. Jg. (2000), Nr. 1, S. 55 – 74.

Homburg, C./Rudolph, B./Werner, H.: Messung und Management von Kundenzufriedenheit in Industriegüterunternehmen, in: *Simon, H./Homburg, C.* (Hrsg.): Kundenzufriedenheit: Konzepte – Methoden – Erfahrungen, Wiesbaden 1995, S. 313 – 340.

Homburg, C./Rudolph, B.: Messung und Management von Kundenzufriedenheit: Der Schlüssel zum langfristigen Erfolg, Wissenschaftliche Hochschule für Unternehmensführung, Otto-Beisheim-Hochschule, Vallendar 1995a.

Homburg, C./Rudolph, B.: Wie zufrieden sind Ihre Kunden tatsächlich?: Kundenzufriedenheit richtig messen und managen – kein Buch mit sieben Siegeln, in: HARVARDmanager, 17. Jg. (1995b), Nr. 1, S. 43 – 50.

Homburg, C./Schäfer, H.: Die Erschließung von Kundenpotenzialen durch Cross-Selling: Konzeptionelle Grundlagen und empirische Ergebnisse, Marketing·ZFP, 24. Jg. (2002), Nr. 1, S. 7 – 26.

Homburg, C./Schäfer, H.: Profitabilität durch Cross-Selling. Kundenpotenziale professionell erschließen. Management Know-how Papier M60 des Instituts für Marktorientierte Unternehmensführung, Mannheim 2001.

Homburg, C./Sieben, F./Stock, R.: Einflussgrößen des Kundenrückgewinnungserfolgs: Theoretische Betrachtung und empirische Befunde im Dienstleistungsbereich, in: Marketing ZFP, 26. Jg. (2004), Nr. 1, S. 25 – 41.

Homburg, C./Stock, R.: Kundenzufriedenheit und Kundenbindung bei Dienstleistungen: Eine theoretische und empirische Analyse, in: Corsten, H./Gössinger, R. (Hrsg.): Dienstleistungsökonomie: Beiträge zu einer theoretischen Fundierung, Berlin 2005, S. 301 – 327.

Homburg, C.: Kundenbindung im Handel: Ziele und Instrumente, in: *Beisheim, O.* (Hrsg.): Distribution im Aufbruch, München 1999, S. 873 – 890.

Johnston, R.: Linking complaint management to profit, in: International Journal of Service Industry Management, 12. Jg. (2001), Nr. 1, S. 60 – 69.

Juttner, U./Wehr, H. P.: Relationship Marketing from a Value System Perspective, in: International Journal of Service Industry Management, Vol. 5 (1994), pp. 54 – 73.

Kaiser, M.-O.: Erfolgsfaktor Kundenzufriedenheit: Dimensionen und Messmöglichkeiten, 2. Aufl., Berlin 2005.

Kano, N.: Attractive Quality and Must-be Quality, in: Hinshitsu: Journal of the Japanese Society for Quality Control, Vol. 14 (1984), No. 2, pp. 39 – 48.

Kerner, S.: Analytisches Customer-Relationship-Management in Kreditinstituten: Data-Warehouse und Data-Mining als Instrumente zur Kundenbindung im Privatkundengeschäft, Wiesbaden 2002.

Köhler, R.: Customer Relationship Management. Interdisziplinäre Grundlage der systematischen Kundenorientierung, in: *Klein, C./Loebbecke, C.* (Hrsg.): Interdisziplinäre Managementforschung und Lehre, Wiesbaden 2001, S. 79 – 107.

Köhler, R.: Kundenorientiertes Rechnungswesen als Voraussetzung des Kundenbindungsmanagements, in: *Bruhn, M./Homburg, C.* (Hrsg.): Handbuch Kundenbindungsmanagement, 5. Aufl., Wiesbaden 2005, S. 401 – 433.

Kornmeier, M./Schneider, W.: Balanced Management: Toolbox für erfolgreiche Unternehmensführung, Berlin 2006.

Koschate, N.: Kundenzufriedenheit und Preisverhalten: Theoretische und empirisch-experimentelle Analysen, Wiesbaden 2002.

Kotler, Ph./Bliemel, F.: Marketing-Management, Analyse, Planung, Umsetzung und Steuerung, 9., vollständig neu bearbeitete und erweiterte Aufl., Stuttgart 1999.

Krafft, M./Rutsatz, U.: Konzepte zur Messung des ökonomischen Kundenwertes/in: *Günter, B./Helm, S.* (Hrsg.): Kundenwert: Grundlagen, Innovative Konzepte, Praktische Umsetzung, Wiesbaden 2002, S. 237 – 258.

Krafft, M.: Kundenbindung und Kundenwert, Heidelberg 2002.

Kukat, F. (Hrsg.): Beschwerdemanagement in der Praxis: Kundenkritik als Chance nutzen, Düsseldorf 2005.

Kunz, H.: Beziehungsmanagement: Kunden binden, nicht nur finden, Zürich 1996.

Lasogga, F.: Customer Relationship Management, in: Marketing Journal, 33. Jg. (2000), Nr. 6, S. 342 – 347.

Law, K. S./Wong, C.-S./Mobley, W. H.: Toward a Taxonomy of Multidimensional Constructs, in: Academy of Management Review, Vol. 23 (1998), pp. 741 – 755.

Lewis, R.C.: The Measurement of Gaps in the Quality of Hotel Services, in: International Journal of Hospitality Management, Vol. 6 (1987), No. 2, pp. 83 – 88.

Liehr, T.: Einsatzpotenziale des Data Matching bei Finanzdienstleistern, in: *Wilde, K. D./ Hippner, H./Merzenich, M.* (Hrsg.): Data Mining: Mehr Gewinn aus Ihren Kundendaten, Düsseldorf 2002, S. 97 – 104.

Link, J./Hildebrandt, V.: Ausgewählte Konzepte der Kundenbewertung im Rahmen des Database Marketing/in: *Link, J./Brändli, D./Schleuning, C./Kehl, R.* (Hrsg.): Handbuch Database Marketing, Ettlingen 1997, S. 159 – 174.

Link, J.: Customer Relationship Management, Berlin 2001.

Link, J.: Welche Kunden rechnen sich?, in: absatzwirtschaft, 38. Jg. (1995), Nr. 10, S. 108 – 110.

Lohmann, F.: Loyalität von Bankkunden, Wiesbaden 1997.

Loyalty Consulting Hamburg (Hrsg.): Kundenwert – Wie sich Kundenbindungsprogramme rechnen, auf: http://www.competence-site.de/; Stand: 19.09.2003.

Loyalty Consulting Hamburg (Hrsg.): Kundenwert, in: http://www.loyalty-hamburg.de/th_bed_kuwert.html (Stand: 4. April 2006a).

Loyalty Consulting Hamburg (Hrsg.): Umsatzsteigerung, in: http://www.loyalty-hamburg.de/th_bed_umstzstg.html (Stand: 4. April 2006b).

Matzler, K./Stahl, H. (2000): Kundenzufriedenheit und Unternehmenswertsteigerung, in: DBW – Die Betriebswirtschaft, 60. Jg. (2000), S. 626 – 641.

McAlister, L.: A Dynamic Attribute Satiation Model of Variety-Seeking Behavior, in: Journal of Consumer Research, Vol. 9 (1982), No. 2, pp. 141 – 150.

Meffert, H./Bruhn, M.: Beschwerdeverhalten und Zufriedenheit von Konsumenten, in: DBW – Die Betriebswirtschaft, 41. Jg. (1981), Nr. 4, S. 597 – 613.

Meffert, H.: Relationship Marketing, in: IfM-News, Westfälische-Wilhelms Universität Münster, Institut für Marketing, Heft 4, 1993, S. 28 – 30.

Michaeli, R.: Competitive Intelligence. Strategische Wettbewerbsvorteile erzielen durch systematische Konkurrenz-, Markt- und Technologieanalysen. Berlin 2005.

Mittal, V./Kamakura, W.: Satisfaction, Repurchase Intent, and Repurchase Behavior: Investigating the Moderating Effect of Customer Characteristics, in: Journal of Marketing Research, Vol. 38 (2001), No. 1, pp. 131 – 142.

Mucksch, H.: Das Data Warehouse als Datenbasis analytischer Informationssysteme: Architektur und Komponenten, in: *Chamoni, P./Gluchowski/P.* (Hrsg.): Analytische Informationssysteme: Business-Intelligence-Technologien und -Anwendungen, Berlin u. a. 2006, S. 129 – 142.

Müller, S./Strothmann, H. (Hrsg.): Kundenzufriedenheit und Kundenbindung – Strategien und Instrumente von Finanzdienstleistern, München 1998.

Neckel, P./Knobloch, B.: Customer Relationship Analytics: Praktische Anwendung des Data Mining im CRM, Heidelberg 2005.

Nieschlag, E./Dichtl, E./Hörschgen, H.: Marketing, 19. Aufl., Berlin 2002.

O. V.: Am gesamten Autoleben beteiligt, in: Frankfurter Allgemeine Zeitung, Nr. 70 vom 23.03. 2004, S. 16.

Oliver, R. L.: A Cognitive Model of the Antecedents and Consequences of Satisfaction Decisions, in: Journal of Marketing Research, Vol. 17 (1980), No. 4, pp. 460 – 469.

Oliver, R. L.: An Investigation of the Interrelationship Between Customer Dissatisfaction and Complaint Reports, in: Advances in Consumer Research, Vol. 14 (1987), pp. 218 – 222.

Oliver, R. L.: Satisfaction: A Behavioural Perspective on the Consumer, New York 1997.

Olsen, S.: Comparative Evaluation and the Relationship Between Quality, Satisfaction, and Repurchase Loyalty, in: Journal of the Academy of Marketing Science, Vol. 30 (2002), No. 3, pp. 240 – 249.

Parasuraman, A./Zeithaml, V. A./Berry, L. L.: SERVQUAL. A Multiple Item Scale for Measuring Consumer Perceptions of Service Quality, in: Journal of Retailing, Vol. 64 (1988), pp. 12 – 40.

Parasuraman, A./Zeithaml, V.A./Berry, L. L.: A Conceptual Model of Service Quality and its Implications for Future Research., in: Journal of Marketing, Vol. 49 (1985), No. 1, pp. 41 – 50.

Patterson, P./Johnson, L./Spreng, R.: Modeling the Determinants of Customer Satisfaction for Business-to-Business Professional Services, in: Journal of the Academy of Marketing Science, Vol. 25 (1997), No. 1, pp. 4 – 17.

Payne, A./Rapp, R.: Relationship Marketing: Ein ganzheitliches Verständnis von Marketing, in: *Payne, A./Rapp, R.* (Hrsg.): Handbuch Relationship Marketing: Konzeption und erfolgreiche Umsetzung, München 1999, S. 3 – 16.

Pfeil, Ch./Posselt, T.: Customer Relationship Management and Price Competition: Comments on the raison d'etre of Customer Loyalty Programs, in: *Bindseil, U./Haucap, J./ Wey, C.* (Hrsg.): Institutions in Perspective – Festschrift in Honor of Rudolf Richter on the Occasion of his 80th Birthday, Tübingen 2006, S. 175 – 193.

Quartapelle, Q. Q./Larsen, G.: Kundenzufriedenheit: Wie Kundentreue im Dienstleistungsbereich die Rentabilität steigert, Berlin u. a. 1996.

Raab, G./Werner, N.: Customer Relationship Management: Aufbau dauerhafter und profitabler Kundenbeziehungen, 2. Aufl., Frankfurt/Main 2005.

Rapp, R.: Customer Relationship Management: Das Konzept zur Revolutionierung der Kundenbeziehungen, 3. Aufl., Frankfurt/Main u. a. 2005.

Reichheld, F. F./Sasser, W. E.: Zero-Migration, Dienstleister im Sog der Qualitäts-Revolution, in: HARVARDmanager, 13. Jg. (1991), Nr. 4, S. 108 – 116.

Romeiß-Stracke, F.: Service-Qualität im Tourismus: Grundsätze und Gebrauchsanweisungen für die touristische Praxis, München 1995.

Rudolph, A./Rudolph, M.: Customer-Relationship-Marketing: Individuelle Kundenbeziehungen, Berlin 2000.

Runow, H.: Zur Theorie und Messung der Verbraucherzufriedenheit, Diss., Frankfurt/Main 1982.

Sauberbrey, C./Henning, R.: Kunden-Rückgewinnung, München 2000.

Schäfer, H.: Die Erschließung von Kundenpotenzialen durch Cross-Selling: Erfolgsfaktoren für ein produktübergreifendes Beziehungsmanagement, Wiesbaden 2002.

Scharioth, J.: Wie Sie Kunden durch Kommunikation binden, in: Gablers Magazin, 7. Jg. (1993), Nr. 1, S. 22 – 24.

Scharnbacher, K./Kiefer, G.: Kundenzufriedenheit: Analyse, Messbarkeit und Zertifizierung, 3. Aufl., München 2003.

Schmidt, H.: Customer Relationship Management, in: WiSu – Das Wirtschaftsstudium, 34. Jg. (2005), Nr. 12, S. 1517 – 1524.

Schneider, W./Kornmeier, M.: Balanced Management, Berlin 2006a.

Schneider, W./Kornmeier, M.: Kundenzufriedenheit – Konzept, Messung, Management, Bern 2006b.

Schneider, W./Kornmeier, M.: Maxime Kundenzufriedenheit – ein Königs- oder Irrweg?, in: Frankfurter Allgemeine Zeitung, Nr. 36 vom 12.02.2007, S. 18.

Schneider, W.: Marketing und Käuferverhalten, 2. Aufl., München 2006.

Schneider, W.: Optimierung des Kundenmanagement mittels Kennzahlen - Key Performance Indikatoren des Customer Relationship Management, Norderstedt 2020.

Schneider, W.: So messen Sie die Zufriedenheit Ihrer Kunden, in: Der Neue GmbH-Berater, o. Jg. (1998), Nr. 3, S. 165 – 170.

Schneider, W./Hennig, A.: 100 Kennzahlen für profitable Kundenbeziehungen, Wiesbaden 2009.

Schneider, W./Hennig, A.: Lexikon Kennzahlen für Marketing und Vertrieb, 2. Aufl., Heidelberg 2008.

Schöler, A.: Rückgewinnungsmanagement, in: *Hippner, H./Wilde, K.* (Hrsg.): Grundlagen des CRM – Konzepte und Gestaltung, 2. Aufl., Wiesbaden 2006, S. 605 – 631.

Schrick, K.: Gemeinsam gewinnen – kennzahlengestützte Steuerung im Call Center, in: *Schrick, K./Dollinger, A.* (Hrsg.): Das innovative Call Center, Düsseldorf 1999, S. 300 – 319.

Schrick, K.: Management von Dienstleistungsqualität im Call Center der Advance Bank, in: *Bruhn, M./Stauss, B.* (Hrsg.): Dienstleistungsqualität, 3. Aufl., Wiesbaden 2000, S. 461 – 486.

Schulze, R.: Messung der Dienstleistungsqualität, in: *Bastian, H./Becker, M.* (Hrsg.): Kundenorientierung im Touristikmanagement, München u. a. 1999, S. 345 – 356.

Schütz, P.: Manager Kundenrückgewinnung, in: absatzwirtschaft, 42. Jg. (1999), Nr. 6, S. 78.

Schütze, R.: Kundenzufriedenheit – After-Sales-Marketing auf industriellen Märkten, Nachdruck der 1. Aufl., Wiesbaden 1994.

Sexauer, H. J.: Entwicklungslinien des Customer Relationship Management (CRM), in: WiSt – Wirtschaftswissenschaftliches Studium, 31. Jg. (2002), Nr. 4, S. 218 – 222.

Siebrecht, P.: Kundenzufriedenheit und Kundenloyalität: Messung, Umsetzung, Management von Erfolgsfaktoren. Mit Kundenzufriedenheit und Kundenloyalität zu wirtschaftlichem Erfolg, Frankfurt/Main u. a. 2004.

Singh, J.: A Typology of Consumer Dissatisfaction Response Styles, in: Journal of Retailing, Vol. 66 (1990), Spring, pp. 57 – 99.

Smith, A.K./Bolton, R.N.: An Experimental Investigation of Customer Reactions to Service Failure and Recovery Encounters. Paradox or Peril?, in: Journal of Service Research, 1. Jg. (1998), Nr. 1, S. 65 – 81.

Stadelmann, M./Wolter, S./Reinecke, S./Tomczak, T. (Hrsg.): Customer Relationship Management – 12 CRM-Best Practice-Fallstudien zu Prozessen, Organisation, Mitarbeiterführung und Technologie, Zürich 2003.

Stauss, B./Hentschel, B.: Messung von Kundenzufriedenheit, Merkmals- oder ereignisorientierte Beurteilung von Dienstleistungsqualität, in: Marktforschung & Management, 37. Jg. (1993), S. 115 – 121.

Stauss, B./Hentschel, B.: Verfahren der Problementdeckung und -analyse im Qualitätsmanagement von Dienstleistungsunternehmen, in: Jahrbuch der Absatz- und Verbrauchsforschung, 36. Jg. (1990), Nr. 3, S. 232 – 244.

Stauss, B./Neuhaus, P.: Das Qualitative Zufriedenheitsmodell (QZM), Diskussionsbeitrag Nr. 66 der Wirtschaftswissenschaftlichen Fakultät, Katholische Universität Eichstätt-Ingolstadt, Eichstätt 1995.

Stauss, B./Neuhaus, P.: The Qualitative Satisfaction Model, in: International Journal Of Service Industry Management, Vol. 8 (1997), pp. 236 – 249.

Stauss, B./Schöler, A.: Beschwerdemanagement Excellence: State-of-the-Art und Herausforderungen der Beschwerdemanagement-Praxis in Deutschland, Wiesbaden 2003.

Stauss, B./Seidel, W.: Beschwerdemanagement, 4. Aufl., München/Wien 2007.

Stauss, B./Seidel, W.: Beschwerdemanagement: Fehler vermeiden, Leistung verbessern, Kunden binden, 2. Aufl., München u. a. 1998.

Stauss, B./Seidel, W.: Customer Relationship Management (CRM) als Herausforderung für das Marketing, in: Thexis, 19. Jg. (2002), Nr. 1, S. 2 – 5.

Stauss, B./Seidel, W.: Evidenz-Controlling im Beschwerdemanagement – Ein Ansatz zur Abschätzung des „Verärgerungs-Eisbergs", in: *Bruhn, M./Stauss, B.* (Hrsg.): Dienstleistungscontrolling – Forum Dienstleistungsmanagement, Wiesbaden 2006, S. 89 – 111.

Stauss, B./Seidel, W.: Prozessuale Zufriedenheitsermittlung und Zufriedenheitsdynamik bei Dienstleistungen, in: *Simon, H./Homburg, C.* (Hrsg.): Kundenzufriedenheit: Konzepte – Methoden – Erfahrungen, Wiesbaden 1995, S. 179 – 203.

Stauss, B.: Beschwerdemanagement als Instrument der Kundenbindung, in: *Hinterhuber, H.H./Matzler, K.* (Hrsg.): Kundenorientierte Unternehmensführung, 5. Aufl., Wiesbaden 2006, S. 315 – 334.

Stauss, B.: Beschwerdepolitik als Instrument des Dienstleistungsmarketing, in: Jahrbuch der Absatz- und Verbrauchsforschung, 35. Jg. (1989), Nr. 1, S. 41 – 62.

Stauss, B.: Der Einsatz der Critical Incident Technique im Dienstleistungsmarketing, in: *Tomczak, T./Belz, C.* (Hrsg.): Thexis Fachbuch Marketing, Kundennähe realisieren, St. Gallen 1994, S. 233 – 250.

Stauss, B.: Führt Kundenzufriedenheit zu Kundenbindung?, in: *Belz, C.* (Hrsg.): Marketingtransfer, Kompetenz für Marketing Innovationen, Schrift 5, St. Gallen 1997, S. 76 – 86.

Stauss, B.: Grundlagen und Phasen der Kundenbeziehung: Der Kundenbeziehungs-Lebenszyklus, in: *Hippner, H./Wilde, K.D.* (Hrsg.): Grundlagen des CRM Konzepte und Gestaltung, 2. Aufl., Wiesbaden 2006, S. 421 – 442.

Stauss, B.: Kundenzufriedenheit, in: Marketing·ZFP, 21. Jg. (1999), Nr. 1, S. 5 – 24.

Stauss, B.: Perspektivenwandel: Vom Produkt-Lebenszyklus zum Kundenbeziehungs-Lebenszyklus, in: Thexis, 17. Jg. (2000a), Nr. 2, S. 15 – 18.

Stauss, B.: Rückgewinnungsmanagement: Verlorene Kunden als Zielgruppe, in: *Bruhn, M./Stauss, B.* (Hrsg.): Dienstleistungsmanagement, Jahrbuch 2000, Wiesbaden 2000b, S. 449 – 471.

Stauss, B.: The dimensions of complaint satisfaction: process and outcome complaint satisfaction versus cold act and warm act complaint satisfaction, in: Managing Service Quality, 12. Jg. (2002), Nr. 3, S. 173 – 183.

Stoffl, M.: Total Quality im Handel, in: WISU – Das Wirtschaftsstudium, 26. Jg. (1997), Heft 4, S. 340 – 349.

Stotko, C. M.: Das wirtschaftliche Potential von mass customization als Maßnahme zur Erhöhung der Kundenbindung, Arbeitsbericht Nr. 30, Lehrstuhl für Allgemeine und Industrielle Betriebswirtschaftslehre, Technische Universität München, München 2002.

Strauß, R.: Customer Relationship Management, in: *Diller, H.* (Hrsg.): Vahlens großes Marketinglexikon, 2. Aufl., München 2001, S. 249 – 251.

Töpfer, A. (Hrsg.): Kundenmanagement: Kundenzufriedenheit, Kundenbindung und Kundenwert messen und steigern, Berlin 2005.

Töpfer, A. (Hrsg.): Kundenzufriedenheit messen und steigern, Berlin 1996.

Töpfer, A./Mann, A.: Kundenzufriedenheit als Messlatte für den Erfolg, in: *Töpfer, A.* (Hrsg.): Kundenzufriedenheit messen und steigern, Berlin 1996, S. 25 – 81.

Töpfer, A.: Die Analyseverfahren zur Messung der Kundenzufriedenheit und Kundenbindung, in: *Töpfer, A.* (Hrsg.): Kundenzufriedenheit messen und steigern, 2. Aufl., Neuwied 1999, S. 299 – 370.

Töpfer, A.: Kundenzufriedenheit: Die Brücke zwischen Kundenerwartung und Kundenbindung – ein Leitfaden für das Buch, in: Töpfer, A. (Hrsg.): Kundenzufriedenheit messen und steigern, Berlin 1996, S. 1 – 23.

Ummenhofer, P./Schneegans, M.: Internet Communication Center – Kundenservice über alle Kommunikationskanäle, in: *Meenzler-Trott, E./Hahnel, M.* (Hrsg.): Call Center Evolution, München 2002, S. 335 – 358.

Von der Heydt, A.: Efficient Consumer Response (ECR) – Basisstrategien und Grundtechniken, zentrale Erfolgsfaktoren sowie globaler Implementierungsplan, 2. Aufl., Frankfurt am Main 1997.

Weinberg, P./Terlutter, R.: Verhaltenswissenschaftliche Aspekte der Kundenbindung, in: *Bruhn, M./Homburg, Ch.* (Hrsg.): Handbuch Kundenbindungsmanagement, 5. Aufl., Wiesbaden 2005, S. 41 – 65.

Weinhold-Stünzi, H./Baumgartner, R.: Konsumentenzufriedenheit: Eine empirische Pilot-Untersuchung über die allgemeine Zufriedenheit von Konsumenten, die Zufriedenheit von Konsumenten mit ihrer Versorgung, Verhalten bei Konsumenten bei Unzufriedenheit, Konsumentenschutz/Bericht des Forschungsinstituts für Absatz und Handel an der Hochschule St. Gallen, Uttwil 1981.

Wessling, H.: Aktive Kundenbeziehungen mit CRM. Strategien, Praxismodule und Szenarien, Wiesbaden 2001.

Wieselhuber & Partner: Marketing Performance – Wie fit sind Unternehmen bei der Messung und Kontrolle der Marketing-Performance, Studie von Dr. Wieselhuber & Partner, München 2005.

Wilde, K. D./Hippner, H./Englbrecht, A.: Customer Relationship Management: So binden Sie Ihre Kunden, Düsseldorf 2005.

Wilde, K. D./Hippner, H.: Database Marketing: Vom Ad-Hoc-Direktmarketing zum kundenspezifischen Marketing-Mix, in: Marktforschung & Management, 42. Jg. (1998), Nr. 1, S. 6 – 10.

Wilde, K. D.: Data Warehouse, OLAP und Data Mining im Marketing – moderne Informationstechnologien im Zusammenspiel, in: *Hippner, H./Küsters, U./Meyer, M./Wilde, K. D.* (Hrsg.): Handbuch Data Mining im Marketing, Wiesbaden 2001, S. 1 – 19.

Wilde, K.: Skripte zur Vorlesung „Wirtschaftsinformatik I", „Data Mining im Marketing", „Kundenorientierte Informationssysteme", Lehrstuhl für ABWL und Wirtschaftsinformatik, Katholische Universität Eichstätt, Eichstätt 2002.

Wildemann, H.: Kundenorientierung: Leitfaden zur Einführung eines Beschwerdemanagement, einer Ausrichtung des Vertriebs und F&E sowie der Produktion und Mitarbeiter auf Kundenbedürfnisse, 10. Aufl., München 2005.

Wildemann, H.: Wachstumsorientiertes Kundenbeziehungsmanagement statt König-Kunde-Prinzip, in: *Wildemann, H.* (Hrsg.): Organisation und Personal: Festschrift für *Rolf Bühner*, München 2004, S. 83 – 103.

Wilmes, C./Dietl, H./van der Velden, R. (2004): Die strategische Ressource Data Warehouse: Eine ressourcentheoretisch-empirische Analyse, Wiesbaden 2004.

Zeithaml, V. A./Berry, L. L./Parasuraman, A.: The Behavioral Consequences of Service Quality, in: Journal of Marketing, Vol. 60 (1996), pp. 31 – 46.

Zeithaml, V. A.: Service Quality, Profitability, and the Economic Worth of Customers: What We Know and What We Need to Learn, in: Journal of the Academy of Marketing Science, Vol. 28 (2000), pp. 67 – 85.

Zeithaml, V. A./Berry, L L./Parasuraman, A.: A Conceptual Model of Service Quality and its Implications for Future Research, in: Journal of Marketing, Vol. 49 (1985), Nr. 4, Herbst, S. 41 – 50

Zeithaml, V. A./Parasuraman, A./Berry, L.: Qualitätsservice. Was die Kunden erwarten – Was sie leisten müssen Frankfurt am Main/New York 1992.

Stichwortverzeichnis

ABC-Analyse 7, 8, 9, 54

Abwanderung 31, 33, 34

Add-on-Services 24, 34, 36, 44, 47, 57

Aufstieg 97

Beschwerdeanalyse 32

Beschwerdebarrieren 31

Beschwerdebearbeitung 32

Beschwerdemanagement 5, 24, 31, 75, 76, 81, 84, 89, 92

Beschwerden 26, 28, 29, 30, 39, 41, 66

Beschwerdenutzung 32

Beschwerdequote 27, 28, 29, 31, 39, 41, 46, 66

Beschwerdestimulierung 31

Beschwerdezufriedenheit 29, 31

Bonusprogramme 24, 34, 36, 44, 47, 57

CLV 1, 17, 18, 19, 20, 21, 22

Confirmation/Disconfirmation-Paradigma 37, 38

CRM 1, 3, 6, 79, 80, 82, 86, 89, 91

Cross buying 25

Cross Selling 6, 17, 20, 21, 22, 25, 83, 87

Cross-Selling-Quote 41, 48

Customer Churn Rate 33

Customer lifetime value 17, 18, 19, 20, 21

Customer Relationship Management 88, 98

Customer-Life-Cycle 3

E-Commerce 1

Einkaufsbetrag, durchschnittlicher 49, 53

Einkaufsfrequenz 51, 52

Einkaufshäufigkeit, durchschnittliche 49, 51

Einkaufsmenge, durchschnittliche 50, 52, 53

Ereignisorientierte Verfahren 39

Fehlmengenquote 58

Feldanteil 47, 48

Garantie 24, 34, 36, 44, 47, 57

Garantiefälle 39

Garantiequote 28, 46

Garantiequote, umsatzabhängige 61

Gebundenheitsstrategie 24

Gutschriftenquote 62, 63, 64, 66

Integrationspotential 26

Juristische Wechselbarrieren 24, 34, 36, 44, 47, 57

Kapitalwertmethode 17, 18, 19

Käuferverhalten 97, 98

Kauffrequenz 51

Kaufhäufigkeit 51

Kennzahlen 27, 38, 39, 43

Key Performance Indikatoren 27, 88, 98

Key-Account-Management 10

Kia 24, 34, 36, 44, 47, 57

Klassifikationsschlüssel 7

Kotler 1

KPI 27

Kulanzquote 65, 66, 67

Kundenabwanderungsrate 33, 34

Kundenakquise 3

Kundenakquisition 4, 55, 77

Kundenbewertung 6, 7, 8, 10, 11, 85

Kundenbeziehungslebenszyklus 3, 4, 5, 23, 24, 28, 77, 90

Kundenbeziehungsmanagement 1, 92

Kundenbindung 3, 5, 6, 20, 30, 34, 36, 44, 46, 47, 48, 49, 57, 62, 67, 76

Kundenbindungsgrad 46

Kundendatenbank 33, 47

Kundendeckungsbeitragsrechnung 7, 9, 10

Kundenfluktuation 35, 36, 37

Kundenloyalität 39, 43, 46

Kundenrückgewinnung 3, 5, 20, 77, 88

Kundenverlustintensität 33, 34

Kundenwert 3, 4, 9, 12, 13, 14, 15, 16, 17, 21, 22, 23, 24, 32, 34, 35, 66, 77, 81, 82, 84, 85, 91

Kundenzufriedenheit 24, 28, 29, 34, 36, 37, 38, 39, 40, 41, 43, 45, 46, 47, 57, 62, 64, 67, 72, 75, 76, 77, 80, 81, 82, 83, 84, 85, 86, 87, 88, 89, 90, 91, 97, 98, 99

Lead customer 18

Lock-in-Effekt 24, 34, 36, 44, 47, 57

Loyalität 85

Loyalitätsabhängiges Pricing 24, 34, 36, 44, 47, 57

Loyalty Partner 24, 34, 36, 44, 47, 57

Lufthansa 24, 34, 36, 44, 47, 57

Management 97, 98, 99

Markentreue 46, 62

Marketing-Forschung 18

Marktanteil 38, 39, 47, 69, 71

McDonald's 98

Meinungsführer 18

Mengenabhängiges Pricing 24, 34, 36, 44, 47, 57

Mercedes 24, 34, 36, 44, 47, 57

Merkmalsgestütztes Verfahren 39

Messung 88, 97, 99

Mitgliederquote 45

Mund-zu-Mund-Werbung 18

Net Promoter Score (NPS) 74, 75, 76

Nutzerquote von Kundenbindungsmaßnahmen 44, 45

Objektorientierte Verfahren 39

Ökonomische Wechselbarrieren 24, 34, 36, 44, 47, 57

Out-of-Stock-Quote 58, 59

Payback 24, 34, 36, 44, 47, 57

place 98

Portfoliotechnik 7, 10

Potential-Value 18

Preiselastizität der Nachfrage 55, 56

Preiswettbewerb 16

Present-Value 18

price 98

product 98

promotion 98

Psychologische Wechselbarrieren 24, 35, 37, 44, 48, 57

Qualitätskontrollen 39

Rabattkundenquote 67, 68, 69

Rabattquote 69, 70, 71

Reaktion 68, 70

Referenzpotential 16, 17, 25, 26

Reklamationen 28, 39, 45, 46, 72

Reklamationsquote 28, 45, 46

Relationship-Marketing 87

Retourenquote 71, 72, 73

RFMR-Ansatz 7, 11

Rückgabequote 73, 74

Rückgang 3

Scoring-Methode 7, 15, 16

Scoring-Modell 17

Serviceleistungen 18

Situative Wechselbarrieren 24, 35, 37, 44, 48, 57

Soziale Wechselbarrieren 24, 34, 36, 44, 47, 57

Steigerung der Beziehungserlöse pro Periode 48

Subjektorientierte Verfahren 39

Synergiepotentiale 26

Tante-Emma-Laden 97

Technische Wechselbarrieren 24, 34, 36, 44, 47, 57

Testkäufe 39

Umsatz 15, 38, 39, 40, 49, 50, 52, 56, 58, 61, 62, 65, 69, 70, 71, 73

Up-Selling-Quote 60

Variety-Seeking 34

Wachstumsphase 15

Wechselbarrieren 24, 34, 41, 44, 47, 57

Weiterempfehlungsquote 75, 76

Werbung 6

Wiederkäuferrate 39, 46, 47, 48, 67

Wiederkaufrate 19, 46, 67

Wissenspotenzial 26

Zufriedenheit 95

Zuwanderungsrate 33

Informationen zum Autor

Prof. Dr. Willy Schneider

Jahrgang 1963

Kurzvita:

- Studium der Betriebswirtschaftslehre an der Universität Mannheim
- Träger des Preises der *Dr. Carl Clemm- und Dr. Carl Haas*-Stiftung, ausgezeichnet für die Diplomarbeit „Die Zufriedenheit der Kfz-Halter mit den Diensten von Autowerkstätten"
- Diverse Stationen in der Unternehmenspraxis
- Wissenschaftlicher Mitarbeiter am Marketing-Lehrstuhl von *Prof. Dr. Erwin Dichtl*, Universität Mannheim
- Promotion an der Universität Mannheim zum Dr. rer. pol. mit der Note „summa cum laude"; Auszeichnung der Dissertation mit dem Preis der Stiftung *Promarketing*
- Seit 1997 Leiter des Studiengangs BWL-Handel an der Dualen Hochschule Baden-Württemberg Mannheim

Weitere Tätigkeiten:

- Lehrbeauftragter an zahlreichen staatlichen und privaten Hochschulen (Center for Advanced Studies der Dualen Hochschule Baden-Württemberg, Rhein-Neckar-Graduate-School, Duale Hochschule Baden-Württemberg Mosbach, Fachhochschule für Ökonomie und Management Mannheim und Frankfurt, Popakademie Baden-Württemberg, Mannheim) in Bachelor- und Masterstudiengängen
- Leitender Autor des *Gabler* Wirtschaftslexikons für die Bereiche Handelsbetriebslehre, Marketing und Vertriebspolitik
- Coach diverser Unternehmen
- Romanautor (True-Crime-Stories)

Veröffentlichungen (Auszug):

Schneider, W.: Aldi – Der Aufstieg vom Tante-Emma-Laden zum Discountprimus, 2. Aufl., Norderstedt 2020.

Schneider, W.: Arbeitsbuch Marketing-Management und Käuferverhalten, 2. Aufl., München 2012.

Schneider, W.: Brainpool Springfield – das „gelbe" Wirtschaftslexikon. Von A wie Advanced Marketing mit Homer bis Z für Zeppelinwerbung für mieses Bier, Norderstedt 2016.

Schneider, W.: Corleone Pizza – Case-Study zur Marketing-Forschung, Norderstedt 2019.

Schneider, W.: Customer Insights: Konsumentenpsychologie und Konsumentenverhalten, Norderstedt 2020.

Schneider, W.: Das perfekte Exposé für die Bachelor- und Masterarbeit, Norderstedt 2021.

Schneider, W.: Die Akquisition von Spenden als eine Herausforderung für das Marketing, Berlin 1996.

Schneider, W.: Einführung in die Kommunikationspolitik, Norderstedt 2019.

Schneider, W.: Einführung in die Preis- und Konditionenpolitik, Norderstedt 2019.

Schneider, W.: Einführung in die Produkt-, Programm- und Sortimentspolitik, Norderstedt 2019.

Schneider, W.: Einführung in die Vertriebspolitik, Norderstedt 2019.

Schneider, W.: Handelsbetriebslehre Basics – Arbeitsbuch, Norderstedt 2021.

Schneider, W.: Kompaktleitfaden für erfolgreiche wissenschaftliche Arbeiten in der Betriebswirtschaftslehre, Norderstedt 2020.

Schneider, W.: Kompakt-Lexikon HANDEL: 444 Schlüsselbegriffe des Handels-Managements, Norderstedt 2020.

Schneider, W.: Kommunikationsmanagement kompakt, Norderstedt 2020.

Schneider, W.: Konsumentenverhalten kompakt – Typen, Theorien, Trends, Norderstedt 2021.

Schneider, W.: Kundenzufriedenheit kompakt – Konzept, Messung, Management, Norderstedt 2020.

Schneider, W.: Kundenzufriedenheit: Strategie, Messung, Management, Landsberg am Lech 2000.

Schneider, W.: Marketing-Ethik, Norderstedt 2020.

Schneider, W.: Marketing Basics – Arbeitsbuch, Norderstedt 2021.

Schneider, W.: Marketing Basics – Bausteine einer Marketing-Konzeption, Norderstedt 2021.

Schneider, W.: Marketing und Käuferverhalten, 3. Aufl., München 2009.

Schneider, W.: Marketing ultra-all-inclusive, Norderstedt 2018.

Schneider, W.: Marketingforschung und Käuferverhalten: Effiziente Beschaffung und Analyse von Markt- und Kundeninformationen, München 2012.

Schneider, W.: Marktsegmentierung – Konsumententypologien – Buyer Personas, Norderstedt 2021.

Schneider, W.: Markt- und Werbepsychologie, Norderstedt 2020.

Schneider, W.: McDonald's – Ein Lehrstück für strategisches und operatives Marketing, Norderstedt 2018.

Schneider, W.: McMarketing – Einblicke in die Marketing-Strategie von McDonald's, 2. Aufl., Wiesbaden 2015.

Schneider, W.: Operatives Marketing ultra-all-inclusive – Die 4 p's des Marketing-Mix: product, price, place, promotion, Norderstedt 2018.

Schneider, W.: Optimierung des Kundenmanagement mittels Kennzahlen – Key Performance Indikatoren des Customer Relationship Management, Norderstedt 2020.

Schneider, W.: Praxisleitfaden Aufbau und Ablauf einer Marktforschungsstudie, Norderstedt 2019.

Schneider, W.: Praxisleitfaden BALANCED SCORECARD – Integratives Marketing-Controlling mit einem ausbalancierten Kennzahlensystem, Norderstedt 2019.

Schneider, W.: Praxisleitfaden Kundenwert-Analyse – „Customer-Value-Management", Norderstedt 2020.

Schneider, W.: Praxisleitfaden Kundenzufriedenheit, Norderstedt 2019.

Schneider, W.: Praxisleitfaden SWOT-ANALYSE – Stärken/Schwächen sowie Chancen/Risiken identifizieren und managen, 2. Aufl., Norderstedt 2021.

Schneider, W.: Profitable Kundenorientierung durch Customer Relationship Management (CRM) - Wertvolle Kunden gewinnen, begeistern und dauerhaft binden, München 2008.

Schneider, W.: Red Bull verleiht Flüüügel – Fallstudie zum strategischen und operativen Marketing, Norderstedt 2018.

Schneider, W.: Strategisches Marketing ultra-all-inclusive, Norderstedt 2018.

Schneider, W.: Unternehmen, die unser Leben veränderten – Band 1: Wie McDonald's den Hamburger auf das Fließband legte und mit Franchising die Welt eroberte, Norderstedt 2018.

Schneider, W./Hennig, A.: Kennzahlen Marketing und Vertrieb, Landsberg am Lech 2001.

Schneider, W./Hennig, A.: 100 Kennzahlen für profitable Kundenbeziehungen, Wiesbaden 2009.

Schneider, W./Hennig, A.: Lexikon Kennzahlen für Marketing und Vertrieb, 2. Aufl., Heidelberg 2008.

Schneider, W./Hennig, A.: Zur Kasse, Schnäppchen, München 2010.

Schneider, W./Kornmeier, M.: Kundenzufriedenheit – Konzept, Messung, Management, Bern 2006.

Schneider, W./Ossola-Haring, C.: Praxiswissen Management – Tools und Techniken für eine erfolgreiche Unternehmensführung, München 2002.

Hennig, A./Schneider, W. u. a.: 100 Kennzahlen der Balanced Scorecard, Wiesbaden 2008.

Kornmeier, M./Schneider, W.: Balanced Management, Berlin 2006.